INSTITUT „FINANZEN UND STEUERN" e.V.

Postfach 72 69
53072 Bonn

IFSt-Schrift Nr. 426

Gesellschafts- und steuerrechtliche Grundfragen der Europäischen Aktiengesellschaft (Societas Europaea)

D1639827

Bonn, im Juni 2005

Das Institut „Finanzen und Steuern" überreicht Ihnen
die IFSt-Schrift Nr. 426:

Gesellschafts- und steuerrechtliche Grundfragen der Europäischen Aktiengesellschaft (Societas Europaea)

Mit dem Inkrafttreten der „Verordnung über das Statut der Europäischen Gesellschaft (SE)" am 8.10.2004 ist grenzüberschreitend tätigen Unternehmen eine neue supranationale Rechtsform zur Verfügung gestellt worden. Trotz ihrer Bezeichnung als Europäische Aktiengesellschaft wurde damit noch keine in der EU einheitliche Gesellschaftsform geschaffen. Die SE-Verordnung bietet lediglich ein „Skelett" an Vorschriften, das die Mitgliedstaaten mit eigenen nationalen Vorschriften ergänzen müssen, damit die SE ins Leben treten kann. Die zahlreichen in der SE-Verordnung verankerten Regelungsaufträge und Wahlrechte gewähren den Mitgliedstaaten dabei weitreichende Spielräume, so dass sich künftig 25 verschiedene SE-Typen in der EU entfalten können; allerdings müssen die entsprechenden nationalen Gesetze mit den Vorgaben der SE-Verordnung kompatibel sein.

Die vorliegende Schrift untersucht das die SE-Verordnung ergänzende deutsche Konzern- und Steuerrecht, insbesondere seine Vereinbarkeit mit der SE-Verordnung. Auch wenn die Verordnung wegen ihres fragmentarischen Charakters dem Wettbewerb der Rechtsordnungen in der EU immer noch großen Raum lässt, so wird sie dennoch sich möglicherweise zu einem Experimentierfeld für Harmonisierungsbestrebungen entwickeln, z.B. beim Bemühen um die Einführung einer gemeinsamen konsolidierten Körperschaftsteuer-Bemessungsgrundlage für grenzüberschreitend tätige Unternehmen oder bei einer Annäherung der Körperschaftsteuersätze. Deutschland hat mit dem „Gesetz zur Einführung der Europäischen Gesellschaft (SEEG)", einem Artikelgesetz, bereits erste Maßnahmen zur Ergänzung des SE-Gemeinschaftsrechts getroffen. Artikel 1 und 2, das SE-Ausführungsgesetz (SEAG) und das SE-Beteiligungsgesetz (SEBG), regeln zentrale gesellschafts- und arbeitsrechtliche Fragen, um eine SE in Deutschland etablieren zu können. Wichtige Rechtsbereiche wie etwa das Steuerrecht wird man jedoch im SEEG vergeblich suchen.

Mit vorzüglicher Hochachtung
INSTITUT „FINANZEN UND STEUERN"
Dipl.-Kfm. Hans-Jürgen Müller-Seils

Bonn, im Juni 2005

Inhalt

Seite:

Einführung   8

Teil I: Gesellschaftsrechtliche Grundfragen der SE   9
A. Wesenszüge der Gesellschaftsverfassung und Gründungsformen   9
    I. Überblick über Charakter und Entstehung einer SE   9
    II. Besonderheiten des Gesetzes zur Einführung der Eu-
ropäischen Gesellschaft   11
B. Von der SE-VO ungeregelte Rechtsbereiche   14
    I. Erwägungsgrund 20   14
    II. Anwendungsprobleme bei den von der Verordnung
nicht erfassten Rechtsbereichen – Beispiel: Konzernrecht   15
      1. Frühere gemeinschaftsrechtliche Regelungsversu-
che   15
        a) Entwicklung von 1926 bis zu den Vorschlägen
für eine „organische" Konzernverfassung in
den 70er Jahren   15
        b) Entwicklung seit den 80er Jahren   16
      2. Anwendungsmaximen der Art. 9 und 10 SE-VO   18
      3. Anwendung der Verweisungsnorm auf das
Konzernrecht   20
        a) Aufgaben des Internationalen Privatrechts   21
        b) Restriktive Auslegung und Gesamtnormver-
weisung   22
        c) Weite Auslegung und Sachnormverweisung   24
        d) Fallkonstellationen   25
          aa) SE als abhängige Gesellschaft in
Deutschland   25
          bb) SE als herrschende Gesellschaft in
Deutschland   26
        e) Position des Instituts „Finanzen und Steuern"
und Konsequenzen   27
C. Kompatibilität des deutschen Konzernrecht mit der SE-VO   28
    I. Schutz- und Organisationsrecht   29

II. Mögliche Kollisionspunkte in den deutschen Kon-
    zernregelungen   30
  1. Eingliederungskonzerne   30
  2. Vertragskonzerne und ihre Besonderheiten   31
    a) Weisungsrecht und Interessenüberlagerung
       unter Berücksichtigung der Unternehmens-
       struktur   32
       aa) Dualistisches System   32
       bb) Monistisches System   33
       cc) Interessenüberlagerung   34
    b) Kapitalerhaltung   35
    c) Position des Instituts „Finanzen und Steuern"   36
  3. Elemente der faktischen Konzerne   38
    a) Nachteilszufügung (§ 311 AktG)   38
    b) Berichts- und Prüfsystem (§ 312 ff. AktG) unter
       Berücksichtigung der Organisationsstruktur   39
    c) Position des Instituts „Finanzen und Steuern"   40
  III. Fazit   42

Teil II: Steuerrechtliche Grundfragen der SE   43
A. Körperschaftsteuerliche Belastungsunterschiede in der
   EU und ihre Auswirkungen auf die Behandlung der SE   43
  I.   Harmonisierungsdefizite   43
  II. Chancen einer Steuerharmonisierung   46
  III. Regelungsdefizit in der SE-Verordnung, andere
       Rechtsquellen und -materialien   49
B. Besteuerung der SE   53
  I. Steuern bei der Gründung   53
    1. Grenzüberschreitende Verschmelzung   53
      a) Aufnahme und Neugründung   53
      b) Divergenz zwischen UmwG bzw. UmwStG
         und dem Gemeinschaftsrecht   54
      c) Steuerfragen der Verschmelzungs-SE nach
         geltendem Recht und nach der Fusionsrichtli-
         nie   56
         aa) Steuerneutrale Verschmelzung nach der
              Fusionsrichtlinie   56
              (1) Anwendungsbereich   57

(2) Prinzipien und Inhalte   57
    (a) Besteuerungsaufschub und Be-
       triebsstättenprinzip   57
    (b) Voraussetzungen einer steuer-
       neutralen Verschmelzung nach
       Art. 4 FRL   59
       (aa) Betriebsstättenbedingung   59
       (bb) Steuerverhaftungsbedin-
           gung   60
       (cc) Fiktionsklausel   61
    (c) Weitere bedeutende Regelun-
       gen der Fusionsrichtlinie   61
  bb) Verschmelzungsmöglichkeiten   65
    (1) Geltendes nationales Recht   66
       (a) Herausverschmelzung   66
       (b) Hereinverschmelzung   69
       (c) Verschmelzung ausländischer
           Gesellschaften mit Inlandsbe-
           zug   72
    (2) Fusionsrichtlinie   72
       (a) Gesellschaftsebene   72
       (b) Betriebsstätten in anderen
           Mitgliedstaaten   74
       (c) Gesellschafterebene   75
2. Steuerneutrale Errichtung von Holding-, Tochter-
  und Umwandlungs-SE   75
  a) Holding-SE   75
    aa) Entstehung   75
    bb) Deutsche Einbringende und Holding-SE
       mit Sitz in Deutschland   76
       (1) Steuerliche Einordnung und Ebe-
           nen der Besteuerung   76
       (2) Fusionsrichtlinie und Umwand-
           lungssteuergesetz   77
    cc) Deutsche Einbringende und Holding-SE
       mit Sitz im Ausland   79
    dd) Einbringende im DBA-Ausland   82
    ee) Einbringende im Nicht-DBA-Ausland   82

b) Tochter-SE 83
  aa) Entstehung 83
  bb) Ertragsteuerliche Auswirkungen 83
    (1) Geltungsbereich der Fusionsricht-
        linie im Verhältnis zum deutschen
        Recht 83
    (2) Nationales Steuerrecht 84
      (a) Übertragung einzelner Wirt-
          schaftsgüter 84
      (b) Übertragung mehrheitsvermit-
          telnder Anteile an Kapitalge-
          sellschaften 86
      (c) Übertragung eines Mitunter-
          nehmeranteils, Betriebs oder
          Teilbetriebs durch Kapitalge-
          sellschaften 86
        (aa) Einbringende Kapitalge-
             sellschaft in Deutschland 86
        (bb) Einbringende Kapitalge-
             sellschaft im Ausland 87
      (d) Übertragung durch Personen-
          handelsgesellschaften 88
  c) Formwechselnde Umwandlung 89
    aa) Entstehung 89
    bb) Steuerrechtliche Konsequenzen 89
II. Steuern bei der Sitzverlegung in andere Mitgliedstaaten 90
   1. Gesellschaftsrechtlicher Charakter 90
   2. Besteuerung 91
     a) Änderungen der Fusionsrichtlinie 91
     b) Nationales Steuerrecht 92
       aa) Probleme mit dem Gemeinschaftsrecht 92
       bb) Wegzug 94
       cc) Zuzug 96
       dd) Inländische Betriebsstätte und Sitzverle-
           gung im Ausland 96
C. Laufende Unternehmensbesteuerung 97
   I. Behandlung der SE als AG 97

II. Hereinverschmelzung 97
  1. Gewinne der ausländischen Betriebsstätte 97
  2. Verluste der ausländischen Betriebsstätte 99
III. Herausverschmelzung 102
  1. Gewinne der inländischen Betriebsstätte 102
  2. Verluste der inländischen Betriebsstätte 102
IV. Holding-SE 103
  1. Holding-SE im Inland 103
  2. Holding-SE im Ausland 103
V. Tochter-SE 104
  1. Tochter-SE im Inland 104
  2. Tochter-SE im Ausland 105
D. Fazit 106

Literaturverzeichnis 109

Einführung

Nach Jahrzehnten unergiebiger Verhandlungen hat der Europäische Ministerrat am 8.10.2001 die Verordnung über das Statut der Europäischen Gesellschaft (SE)[1] verabschiedet. Seit dem 8.10.2004 steht die Rechtsform der SE den Unternehmen zur Verfügung (Art. 70 SE-VO). Dies ist auch der Zeitpunkt, bis zu dem die Richtlinie betreffend die Mitbestimmung der Arbeitnehmer (SE-RL)[2] in nationales Recht transformiert sein sollte. Dies ist mittlerweile geschehen. Das Gesetz über die Beteiligung der Arbeitnehmer in einer Europäischen Gesellschaft (SE-Beteiligungsgesetz – SEBG), mit dem die SE-RL umgesetzt werden soll, ist Bestandteil eines Artikelgesetzes, dem Gesetz zur Einführung der Europäischen Gesellschaft (SEEG) vom 22.12.2004[3]. Mit dem SEEG werden zahlreiche gesellschaftsrechtliche Bestimmungen, die für die Errichtung und Ausgestaltung der SE unerlässlich sind, ins deutsche Recht übertragen.

Die SE-VO allein als unmittelbar geltendes Recht genügt nicht. Sie regelt Fragen der gesellschaftsrechtlichen Grundkonzeption der SE. In einer Vielzahl von Rechtsfragen ist sie indes derart lückenhaft, dass der nationale Gesetzgeber ergänzende Ausführungsbestimmungen schaffen musste[4] und sich darüber hinaus die Frage stellt, inwieweit bestehende nationale Regelungen mit der EU-Verordnung vereinbar sind. Offenbar konnte das „Wunder von Nizza" nur deshalb eintreten, weil die Mitgliedstaaten sich in zentralen Fragen nicht einigten und deshalb Rechtsbereiche ausklammerten. Darauf deuten zumindest die zahlreichen in der Verordnung enthaltenen, an die Mitgliedstaaten adressierten Regelungsaufträge und Wahlrechte hin[5].

---

[1] Verordnung (EG) Nr. 2157/2001 des Rates v. 8.10.2001, ABl. EG L 294 v. 10.11.2001, S. 1-21 (zitiert: SE-VO).

[2] Richtlinie 2001/86/EG des Rates zur Ergänzung des Statuts der Europäischen Gesellschaft hinsichtlich der Beteiligung der Arbeitnehmer v. 8.10.2001, ABl. EG L 294 v. 10.11.2001, S. 22-32. Diese Richtlinie ist nach dem Erwägungsgrund 14 der SE-VO eine untrennbare Ergänzung der Verordnung.

[3] BGBl. I 2004, S. 3675, 3686.

[4] Ihrig/Wagner, BB 2003, S. 969.

[5] Neye, ZGR 2002, S. 377, 381 mit Beispielen.

Das Gesetz zur Einführung der Europäischen Gesellschaft (SEEG) besteht aus 8 Artikeln. Artikel 1 enthält das „Gesetz zur Ausführung der Verordnung (EG) Nr. 2157/2001 des Rates vom 8. Oktober 2001 über das Statut der Europäischen Gesellschaft (SE) – (SE-Ausführungsgesetz – SEAG)", Artikel 2 das „Gesetz über die Beteiligung der Arbeitnehmer in einer Europäischen Gesellschaft – (SE-Beteiligungsgesetz – SEBG). Die Artikel 3 bis 7 passen Vorschriften des Gerichtsverfassungsgesetzes, des Gesetzes über die Angelegenheiten der freiwilligen Gerichtsbarkeit, des Spruchverfahrensgesetzes, des Arbeitsgerichtsgesetzes und der Handelsregisterverordnung für die Belange der SE an. Artikel 8 regelt die Rückkehr zum einheitlichen Verordnungsrang und Artikel 9 das Inkrafttreten des Gesetzes.

Neu geschaffen wurde insbesondere die Möglichkeit, für die SE im Einzelfall auch ein „monistisches" Verwaltungssystem zu wählen, wie es andere Mitgliedstaaten haben und im anglo-amerikanischen Rechtskreis vorherrscht. Es kennt im Gegensatz zur dualistischen Unternehmensverfassung nur ein einziges oberstes Verwaltungsorgan. Darüber hinaus wurde der Minderheits- und Gläubigerschutz bei der SE-Gründung durch Verschmelzung rechtlich ausgestaltet[6]. Wesentliche Rechtsbereiche wie z.B. das Steuerrecht oder auch das Konzernrecht der SE bleiben jedoch sowohl in der SE-VO als auch in der nationalen Begleitgesetzgebung ausgeklammert. Sie stehen im Hauptblickfeld dieser Untersuchung.

Teil I: Gesellschaftsrechtliche Grundfragen der SE
A.   Wesenszüge der Gesellschaftsverfassung und Gründungsformen
I.   Überblick über Charakter und Entstehung einer SE

Nach Art. 1 Abs. 1 und 2 sowie Art. 4 Abs. 2 SE-VO ist die SE eine Handelsgesellschaft (Kapitalgesellschaft) mit einem in Aktien zerlegten Grundkapital in Höhe von mindestens 120.000 € (Art. 1 Abs. 1 und 2, Art. 4 Abs. 2 SE-VO). Wie im deutschen Recht haftet jeder Aktionär nur bis zur Höhe des von ihm gezeichneten Kapitals (Art. 1

---

[6]   Maul, BB 2003, Heft 19, Die erste Seite.

Abs. 2 S. 2 SE-VO). Vorbehaltlich der Bestimmungen der Verordnung wird eine SE in jedem Mitgliedstaat wie eine Aktiengesellschaft behandelt, die nach dem Recht des Sitzstaats der SE gegründet wurde (Art. 10 SE-VO). Für das Kapital, seine Erhaltung und Aufbringung sowie für Wertpapieremissionen gelten vorbehaltlich des Art. 4 Abs. 1 und 2 SE-VO die nationalen Vorschriften des Sitzstaats der SE (Art. 5 SE-VO). Rechtsfähigkeit erlangt die SE am Tag ihrer Eintragung in das in Art. 12 SE-VO genannte Register (Art. 16 Abs. 1 SE-VO). Die anschließende Dokumentation im Amtsblatt der EU hat nur noch deklaratorische Bedeutung.

Die Organe der SE sind die Hauptversammlung der Aktionäre (Art. 38 a i.V.m. 52 bis 60 SE-VO) und entweder ein Aufsichtsorgan und zusätzlich ein Leitungsorgan (dualistisches System, Art. 38 b 1. Var. i.V.m. Art. 39 bis 42 sowie Art. 46 bis 51 SE-VO) oder lediglich ein einziges Verwaltungsorgan (monistisches System, Art. 38 b 2. Var. i.V.m. Art. 43 bis 51 SE-VO).

Nach Art. 2 SE-VO bestehen vier Möglichkeiten, eine SE zu gründen, nämlich durch:
- Verschmelzung zu einer SE (Art. 2 Abs. 1 SE-VO i.V.m. Anhang I der Verordnung und Art. 17 bis 31 SE-VO)
- Gründung einer Holding-SE (Art. 2 Abs. 2 SE-VO i.V.m. Anhang II der Verordnung und Art. 32 bis 34 SE-VO)
- Gründung einer Tochter-SE (Art. 2 Abs. 3 SE-VO i.V.m. Art. 48 Abs. 2 EGV und Art. 35 und 36 SE-VO)
- formwechselnde Umwandlung in eine SE (Art. 2 Abs. 4 i.V.m. Art. 37 SE-VO).

Darüber hinaus besteht noch eine fünfte Möglichkeit, eine SE zu errichten. Danach kann eine SE selbst eine oder mehrere Tochtergesellschaften in Form einer SE gründen. Als Besonderheit ist hervorzuheben, dass gemäß Art. 3 Abs. 2 S. 2 SE-VO Bestimmungen des Sitzmitgliedstaats der Tochter-SE, nach denen eine Aktiengesellschaft mehr als einen Aktionär haben muss, nicht für die Tochter-SE gelten.

Gemeinsam ist den Gründungsformen, dass die Neugründung einer SE ausgeschlossen ist. Eine SE kann nur aus bestehenden Gesellschaften gegründet werden. Darüber hinaus müssen diese Gesellschaften grundsätzlich in mindestens zwei EU-Staaten ihren Sitz haben oder über eine Tochtergesellschaft bzw. Zweigniederlassung in einem anderen Mitgliedstaat verfügen. Für die Gründung durch Verschmelzung, durch Errichtung einer Holding-SE und durch Umwandlung stellen die Leitungs- oder Verwaltungsorgane der beteiligten Gesellschaften – je nach Art der Gründung – einen Verschmelzungs-, Gründungs- oder Umwandlungsplan auf, dem die Hauptversammlungen bzw. Gesellschafterversammlungen der beteiligten Gesellschaften zustimmen müssen. Auf weitere Einzelheiten der Gründungsformen einer SE wird im Zusammenhang mit den steuerlichen Auswirkungen im zweiten Teil dieser Arbeit eingegangen werden[7].

II. Besonderheiten des Gesetzes zur Einführung der Europäischen Gesellschaft

Das Gesetz zur Einführung der Europäischen Gesellschaft (SEEG) vom 22.12.2004[8] ist ein aus neun Artikeln bestehendes Artikelgesetz. Die wichtigsten Regelungen zur Errichtung der SE sind in den beiden ersten Artikeln, dem Gesetz zur Ausführung der Verordnung (EG) Nr. 2157/2001 des Rates vom 8. Oktober 2001 über das Statut der Europäischen Gesellschaft (SE) – (SE-Ausführungsgesetz – SEAG) und dem Gesetz über die Beteiligung der Arbeitnehmer in einer Europäischen Gesellschaft – (SE-Beteiligungsgesetz – SEBG) enthalten. Die weiteren Artikel zielen im Wesentlichen darauf ab, bestehende deutsche Gesetze formaltechnisch an die Einführung der SE anzupassen und das Inkrafttreten zu regeln[9]. Hervorzuheben sind insbesondere folgende Regelungen der Artikel 1 und 2 des SEEG:

- *Einfache verbundene Sitzverlegung*: Unter Wahrung der Rechtsidentität können Verwaltungs- und Satzungssitz nur gemeinsam in einen anderen Mitgliedstaat verlegt werden. Nach Art. 1 § 2 SEEG muss die Satzung der SE als Sitz den Ort bestimmen, an dem die Verwaltung geführt wird, d.h. Sat-

---

[7] S. 43 ff.
[8] BGBl. I 2004, S. 3675.
[9] Waclawik, DB 2004, S. 1191.

zungs- und Verwaltungssitz müssen sich am selben Ort befinden. Aktionären, die gegen den Verlegungsbeschluss Widerspruch zur Niederschrift erklärt haben, muss die sitzverlegende SE den Erwerb ihrer Aktien gegen eine angemessene Barabfindung anbieten (Art. 1 § 12 Abs. 1 S. 1 SEEG). Nach Art. 1 § 13 Abs. 1 SEEG muss die SE ihren Gläubigern, sofern sie innerhalb von zwei Monaten nach dem Tag, an dem der Verlegungsplan offen gelegt worden ist, ihren Anspruch nach Grund und Höhe schriftlich angemeldet haben, Sicherheit leisten, wenn sie nicht Befriedigung verlangen können. Voraussetzung ist jedoch, dass die Gläubiger glaubhaft machen können, dass die Sitzverlegung die Erfüllung ihrer Forderungen gefährden wird.

- *Dualistische oder monistische Unternehmensstruktur*: Eine wesentliche Neuerung stellen die zugelassenen Führungsvarianten dar. Neben der in Deutschland bekannten dualistischen Unternehmensverfassung, bestehend aus Leitungs- und Aufsichtsorgan (Vorstand und Aufsichtsrat), kann in Deutschland nunmehr auch eine etwa in Frankreich, England und in den USA praktizierte monistische Verwaltungsstruktur, d.h. die Beschränkung auf ein einziges Verwaltungsorgan, für die SE gewählt werden[10]. Dieser Verwaltungsrat vereinigt Leitungs- und Aufsichtsfunktionen in sich[11]. Ein oder mehrere geschäftsführende Direktoren werden vom Verwaltungsrat bestellt. Sie sind an die Beschlüsse des Verwaltungsrats gebunden und können jederzeit abberufen werden. Die Vorteile eines monistischen Systems ohne Aufsichtsrat werden in der Einbindung der nicht geschäftsführenden Mitglieder in die Unternehmensführung, in einer größeren Sitzungsfrequenz und in den besseren Informationsmöglichkeiten für Zwecke der Überwachung gesehen[12]. Darüber hinaus kann das monistische System für Klein- und Mittelbetriebe interessant werden, die den Verwaltungsaufwand der Geschäftsführung reduzieren

---

[10] Ein derartiges Wahlrecht sieht derzeit für nationale Aktiengesellschaften nur das französische Recht in den Art. 225-257 Code de Commerce vor.
[11] Nagel, DB 2004, S. 1299.
[12] Kallmeyer, AG 2003, S. 197, 200.

möchten. Allerdings kann aus Unternehmersicht das monistische System unter dem Gesichtspunkt der Unternehmensmitbestimmung insoweit auch nachteilig sein, als Arbeitnehmer in einem Geschäftsführungs- und Leitungsorgan, d.h. im Verwaltungsrat mitbestimmen können. Im dualistischen System ist die Mitbestimmung der Arbeitnehmer nur im Aufsichtsrat möglich. Daher wird erwartet, dass nur solche Gesellschaften sich für die monistische Unternehmensstruktur interessieren, in denen keine Unternehmensmitbestimmung herrscht[13]. Das deutsche Aktienrecht enthält bereits Regelungen für das dualistische System (vgl. §§ 76 bis 116 AktG), so dass sich nur wenige ergänzende Vorschriften im ersten Artikel des SEEG, dem SE-Ausführungsgesetz, finden (vgl. Art. 1 §§ 15 bis 19 SEEG). Dagegen musste für das monistsiche System ein neues Regelwerk geschaffen werden (vgl. Art 1 §§ 20 bis 49 SEEG).

- *Mitbestimmung (Kernpunkte des zweiten Artikels des SEEG, des SE-Beteiligungsgesetzes)*: Das SE-Beteiligungsgesetz gilt für eine SE mit Sitz im Inland (Art. 2 § 3 Abs. 1 S. 1 SEEG). Darüber hinaus gilt dieses Gesetz auch bei einer ausländischen SE für deren Arbeitnehmer, wenn sie im Inland beschäftigt sind, sowie für beteiligte Gesellschaften und Betriebe mit Sitz im Inland (Art. 2 § 3 Abs. 1 S. 2 SEEG). Die Beteiligung der Arbeitnehmer einer SE soll durch Verhandlungen zwischen einem besonderen Gremium, das die Arbeitnehmer aller beteiligten Gesellschaften vertritt, und den Leitungen dieser Gesellschaften festgelegt werden (Verhandlungsgremium, Art. 2 §§ 4 bis 21 SEEG). Wird bei den Verhandlungen keine Vereinbarung getroffen, gelten subsidiär Auffangvorschriften zum SE-Betriebsrat (Art. 2 §§ 22 bis 33 SEEG) und zur Mitbestimmung kraft Gesetzes (Art. 2 §§ 34 bis 38 SEEG). Die vereinbarte Arbeitnehmerbeteiligung geht der Arbeitnehmerbeteiligung kraft Gesetzes vor (Vorrang der Verhandlungslösung). Anzumerken ist, dass der Inhalt einer Vereinbarung auch darin bestehen kann, dass die subsidiären Gesetzesbestimmungen über den Betriebsrat und über die Mitbestimmung maßgeblich sein sollen (Art. 2 § 21 Abs. 5 SEEG). Die Arbeitnehmerbetei-

---

[13] Wisskirchen/Prinz, DB 2004, S. 2638, 2642.

ligung kraft SE-Beteiligungsgesetzes beim Scheitern einer Vereinbarung berührt grundsätzlich nicht die den Arbeitnehmern nach deutschen Regelungen zustehenden Beteiligungsrechte[14].

Soweit die Gründungsmodalitäten der SE nicht bereits in der Verordnung geregelt werden, stellt Artikel 1 des Gesetzes zur Einführung der Europäischen Gesellschaft Vorschriften bereit, die insbesondere den Schutz der Minderheitsgesellschafter bei der Verschmelzung (§§ 5 bis 8 SE-Ausführungsgesetz) und bei der Gründung einer Holding-SE (§§ 9 bis 11 SE-Ausführungsgesetz) betreffen.

B.   Von der SE-VO ungeregelte Rechtsbereiche
I.   Erwägungsgrund 20

In der Präambel der SE-VO werden einige Rechtbereiche ausdrücklich als nicht von der Verordnung erfasst bezeichnet. In ihnen gelten die Rechtsvorschriften der Mitgliedstaaten und das sonstige Gemeinschaftsrecht. Nach Erwägungsgrund 20 sind dies Rechtsbereiche wie

- das Steuerrecht
- das Wettbewerbsrecht
- der gewerbliche Rechtsschutz und
- das Konkursrecht.

Diese Aufzählung ist nicht abschließend. Es gibt auch andere nicht ausdrücklich genannte Rechtsbereiche, die nicht Regelungsgegenstand der Verordnung sind und für die die Rechtsvorschriften der Mitgliedstaaten und das sonstige Gemeinschaftsrecht gelten. Ein besonders wichtiges Beispiel ist das Konzernrecht.

---

[14]   Waclawik, DB 2004, S. 1191, 1198.

II. Anwendungsprobleme bei den von der Verordnung nicht erfassten Rechtbereichen – Beispiel: Konzernrecht

1. Frühere gemeinschaftsrechtliche Regelungsversuche

a) Entwicklung von 1926 bis zu den Vorschlägen für eine „organische" Konzernverfassung in den 70er Jahren

Erste Überlegungen, eine supranationale Gesellschaftsform zu schaffen, lassen sich in Deutschland bis in die zwanziger Jahre des vorherigen Jahrhunderts zurückverfolgen. Auf dem 34. Deutschen Juristentag 1926 in Köln wurde darüber nachgedacht, eine überstaatliche kapitalistische Organisationsform in Gestalt einer internationalen Handelsgesellschaft zu errichten[15]. Auch in Großbritannien und Frankreich beschäftigte man sich mit diesem Thema. So schlug der 1949 in London gegründete Europarat noch im selben Jahr und im Jahr 1952 eine europäische Gesellschaftsform für öffentliche Zwecke bzw. behördlich genehmigte Unternehmen vor. Aus Sorge davor, dass hierdurch nationale Unternehmen diskriminiert würden, wurden jedoch diese Entwürfe nicht realisiert[16]. In der Folgezeit forderte zunächst 1959 der Franzose Thibièrge auf einem Notarkongress in Tours und anschließend 1960 der Niederländer Sanders die Schaffung einer Aktiengesellschaft europäischen Typs. Insbesondere in Frankreich wurde diese Idee in den 60er Jahren des vorherigen Jahrhunderts weiterverfolgt. 1966 legte dann eine Sachverständigengruppe unter Vorsitz von Sanders einen Vorentwurf für das Statut einer Europäischen Aktiengesellschaft vor[17].

Die ersten Vorordnungsvorschläge der Europäischen Kommission stammten aus den 70er Jahren des vorherigen Jahrhunderts. Sie behandelten das Recht der SE sehr umfassend. So war auch das Konzernrecht in ausführlicher Form in den Vorschlägen der EG-Kommission für eine Gemeinschaftsverordnung aus den Jahren 1970[18] und 1975[19] enthalten. Diese Vorschläge sahen eine so genannte organische

---

[15] Verhandlungen des 34. Deutschen Juristentages zu Köln, Band 2, Berlin/Leipzig 1927.

[16] Theisen/Wenz in: Theisen/Wenz, Die Europäische Aktiengesellschaft, S. 1, 28.

[17] Theisen/Wenz in: Theisen/Wenz, Die Europäische Aktiengesellschaft, S. 1, 30.

[18] ABl. EG C 124 v. 10.10.1970, S. 1-55.

[19] Bulletin der EG, Beilage 4/1975, S. 1-200.

Konzernverfassung vor[20]. Im Unterschied zu dem heutigen deutschen Aktienrecht (§§ 291 ff., 311 ff. AktG), das zwischen Vertragskonzernen und vertragslosen Abhängigkeits- und Konzernverhältnissen unterscheidet, knüpft eine organische Konzernverfassung das Eingreifen einheitlicher Schutzvorschriften zugunsten von Gläubigern und außen stehenden Aktionären an das Vorliegen einer einheitlichen Leitung[21].

b)   Entwicklung seit den 80er Jahren

Aufgrund der großen Unterschiede zwischen den nationalen Rechtsordnungen erwiesen sich die umfassenden Vorschläge aus den 70er Jahren des zwanzigsten Jahrhunderts als unrealistisch, so dass in der Folgezeit ganze Rechtsgebiete aus den Verordnungsentwürfen gestrichen wurden. Das galt für das Konzernrecht ebenso wie für das Wettbewerbs- und Steuerrecht sowie das Recht der Rechnungslegung. Besonders auffällig sind die nationalen Unterschiede im Konzernrecht. So verfügen bis heute in Europa lediglich Deutschland und Portugal über ein kodifiziertes Konzernrecht, während viele andere Rechtsordnungen überhaupt kein eigenständiges Konzernrecht kennen[22] und sich etwa Frankreich und Großbritannien Konflikte mit einer konzernspezifischen Auslegung ihres Gesellschafts-, Insolvenz- oder Strafrechts behelfen[23].

Die unterschiedlichen Rechtsvorstellungen der Mitgliedstaaten haben bis heute ein einheitliches supranationales Konzernrecht verhindert. Zunächst scheiterte der Entwurf einer 9. Richtlinie zum Konzernrecht,

---

[20] Schwarz, Europäisches Gesellschaftsrecht, Rz. 935, Hommelhoff, AG 2003, S. 179, 180.
[21] Emmerich/Sonnenschein/Habersack, Konzernrecht, S. 26; Habersack, Europäisches Gesellschaftsrecht, Rz. 58.
[22] Habersack, Europäisches Gesellschaftsrecht, Rz. 59; Hommelhoff in: Lutter, Konzernrecht im Ausland, S. 55, 57; Schwarz, Europäisches Gesellschaftsrecht, Rz. 867, 868; Jaecks/Schönborn, RIW 2003, S. 254, 264.
[23] Zur Problematik der Verweisungsnorm wegen nationaler Unterschiede in der Reglementierung des Konzernschutzrechts in der EU: Wenz, Die Societas Europaea (SE), S. 114; Hommelhoff, AG 2003, S. 179, 180.

der 1984 von der Kommission vorgelegt wurde[24]. Auch auf die Vorschläge zur jetzigen SE-VO wirkten sich die Diskrepanzen zwischen den Rechtsordnungen der EU-Staaten aus. Die am 4.10.2001 verabschiedete Verordnung folgt inhaltlich im Wesentlichen dem Vorschlag aus dem Jahr 1989[25], der am 16.5.1991 nochmals geändert worden ist[26]. Bereits dieser Entwurf klammerte wesentliche Rechtsbereiche wie das Konzernrecht, die Rechnungslegung, die Mitbestimmung und das Steuerrecht aus und konzentrierte sich auf Fragen des Aktiengesellschaftsrechts wie etwa Gründung, Kapital, Aktien, Organisationsstruktur, Jahresabschluss, Auflösung, Liquidation und Insolvenz[27]. Die SE-VO vom 4.10.2001 folgte dann dieser Linie; sie verweist für die ungeregelten Bereiche auf das Richtlinienrecht bzw. das nationale Recht des Verwaltungssitzstaates. So überrascht es nicht, dass sich konzernrechtliche Regelungen lediglich in Art. 61 und 62 SE-VO finden, die für den konsolidierten Abschluss die SE den nationalen Aktiengesellschaften gleichstellen[28]. Getreu der „Ausklammerungsstrategie" fehlen ausdrückliche Vorschriften zum Schutz außen stehender Aktionäre und Gläubiger von abhängigen Gesellschaften[29].

Dennoch war natürlich dem Verordnungsgeber im Jahre 2001 der Konzerncharakter der SE bewusst; denn die Gründung einer SE erzeugt oder erweitert grundsätzlich einen grenzüberschreitenden Konzern. Nach deutschem Verständnis sind Konzerne im weitesten Sinn rechtlich selbständige Unternehmen, die aufgrund bestimmter gesellschaftsrechtlicher Instrumentarien miteinander unter einer einheitlichen Leitung verbunden sind[30]. Die Gründungsmodalitäten der SE

---

[24] Maul, Die faktisch abhängige SE (Societas Europaea) im Schnittpunkt zwischen deutschem und europäischem Recht, S. 3; Ebert, BB 2003, S. 1854, 1856.

[25] ABl. EG C 263 v. 16.10.1989, S. 41.

[26] ABl. EG C 176 v. 8.7.1991, S. 1.

[27] Behrens, GmbHR 1993, S. 129, 135.

[28] Hirte, DStR 2005, S. 700, 705.

[29] Maul, Die faktisch abhängige SE (Societas Europaea) im Schnittpunkt zwischen deutschem und europäischem Recht, S. 13.

[30] Krieger in: Münchener Handbuch des Gesellschaftsrechts, Band 4, § 68 Rz. 64; Emmerich/Sonnenschein/Habersack, Konzernrecht, S. 1; Wenz, Die Societas Europaea (SE), S. 112. Der Rückgriff auf die allgemeine konzernrechtliche Definition der verbundenen Unternehmen in §§ 15-19 AktG ist zulässig, weil die SE-VO selbst den Konzern nicht definiert (Jaecks/Schönborn, RIW 2003, S. 254, 261).

erweisen sich insoweit als konzernbezogen, als sie zu einer Unternehmensgruppe führen (so bei der Gründung einer Holding-SE gemäß Art. 2 Abs. 2, 32 SE-VO und bei der Gründung einer Tochter-SE gemäß Art. 2 Abs. 3, 35 SE-VO) oder eine bestehende Unternehmensverbindung voraussetzen (so beim Formwechsel gemäß Art. 2 Abs. 4, 37 SE-VO). Die Entstehung einer Holding-SE, einer Tochter-SE oder einer Umwandlungs-SE führt durch das Erfordernis der Mehrstaatlichkeit[31] prinzipiell zu einem grenzüberschreitenden Konzern[32]. Aber selbst bei der Gründung einer SE durch Verschmelzung gemäß Art. 2 Abs. 1, 17 SE-VO entsteht ein Konzern, wenn mindestens eine der sich verschmelzenden Aktiengesellschaften eine Tochtergesellschaft hat[33]. So gesehen trifft es sicherlich zu, wenn man die SE als „genuine Konzerngesellschaft" oder „genuinen Konzernbaustein" bezeichnet[34].

2.   Anwendungsmaximen der Art. 9 und 10 SE-VO

Die Frage des anwendbaren Rechts regelt die zentrale Verweisungsnorm des Art. 9 SE-VO[35]. Diese Vorschrift ordnet in fünf Hierarchieebenen die Rangfolge an, in der rechtliche Bestimmungen auf die SE angewendet werden können[36]:

- Für die SE gelten zunächst die Bestimmungen der SE-VO (Abs. 1 a)

---

[31] Habersack, Europäisches Gesellschaftsrecht, Rz. 400; Korts, Die Europäische Aktiengesellschaft, S. 6; Neun in: Theisen/Wenz, Die Europäische Aktiengesellschaft, S. 51, 169; Heckschen, DNotZ 2003, S. 251, 252; Herzig/Griemla, StuW 2002, S. 55, 57; Hirte, DStR 2005, S. 653, 655 f.; Kloster, EuZW 2003, S. 293, 294; Lange, EuZW 2003, S. 301, 302; Nagel, DB 2004, S. 1299; Teichmann, ZGR 2002, S. 383, 410.

[32] Die Eigenschaft der „Grenzüberschreitung" fehlt nur dann, wenn eine bereits errichtete Mutter-SE eine Tochter-SE im eigenen Land gründet (Art. 3 Abs. 2 SE-VO). Vgl. auch Ebert, BB 2003, S. 1854, 1855; Jaecks/Schönborn, RIW 2003, S. 254.

[33] Wenz, Die Societas Europaea (SE), S. 111, 112.

[34] Maul, Die faktisch abhängige SE (Societas Europaea) im Schnittpunkt zwischen deutschem und europäischem Recht, S. 2; Hommelhoff, AG 2003, S. 179.

[35] Daneben gibt es noch zahlreiche spezielle Verweisungsnormen.

[36] Heckschen, DNotZ 2003, S. 251, 253.

- und die Bestimmungen ihrer Satzung, sofern die SE-VO dies ausdrücklich zulässt (Abs. 1 b).
- Auf alle nicht durch die Verordnung geregelten Bereiche oder sofern ein Bereich nur teilweise geregelt ist, in Bezug auf die nicht von dieser Verordnung erfassten Aspekte sind alsdann die Regelungen anwendbar, die die Mitgliedstaaten speziell für die SE erlassen haben (Abs. 1 c i).
- Sind danach immer noch Fragen offen, gelten die nationalen Rechtsvorschriften, die auf eine nach dem Recht des Sitzstaats der SE gegründete Aktiengesellschaft Anwendung finden würden (Abs. 1 c ii).
- Abschließend unterliegt die SE den Bestimmungen ihrer Satzung unter den gleichen Voraussetzungen wie im Falle einer nach dem Recht des Sitzstaats der SE gegründeten Aktiengesellschaft (Abs. 1 c iii). Dies bedeutet, dass insoweit bei einer SE mit Sitz in Deutschland § 23 Abs. 5 AktG unmittelbar anwendbar ist[37].

Nach Art. 9 Abs. 2 SE-VO müssen die von den Mitgliedstaaten eigens für die SE erlassenen Rechtsvorschriften mit den für Aktiengesellschaften im Sinne des Anhangs I der Verordnung maßgeblichen Richtlinien im Einklang stehen.

Der weitgehende Verweis auf nationales Aktienrecht hat zur Folge, dass es aufgrund der unterschiedlichen Aktienrechte der Mitgliedstaaten auch unterschiedlich gestaltete SE geben wird[38].

Das Verhältnis zwischen nationalen und Europäischen Aktiengesellschaften regelt Art. 10 SE-VO. Danach ist - vorbehaltlich der Bestimmungen der Verordnung - eine SE in jedem Mitgliedstaat wie eine

---

[37] Hirte, DStR 2005, S. 653, 657.
[38] Habersack, Europäisches Gesellschaftsrecht, Rz. 398; Schwarz, Europäisches Gesellschaftsrecht, Rz. 939; Wenz, Die Societas Europaea (SE), S. 114 ff.; Ebenroth/Wilken, JZ 1991, S. 1014, 1016; Heckschen, DNotZ 2003, S. 251, 252; Hirte, DStR 2005, S. 653, 654; Kübler, ZHR 167 (2003), S. 222, 223; Lutter, BB 2002, S. 1, 3; Pluskat, EuZW 2001, S. 524, 528; Thoma/Leuering, NJW 2002, S. 1449, 1450.

Aktiengesellschaft zu behandeln, die nach dem Recht des Sitzstaats der SE gegründet wurde.

3. Anwendung der Verweisungsnorm auf das Konzernrecht

Die Generalverweisung der SE-VO auf das nationale Recht des Sitzstaats der SE lässt sich unterschiedlich verstehen. Zum einen könnte man die Auffassung vertreten, dass das Konzernrecht nach Art. 9 Abs. 1 c SE-VO überhaupt nicht von der Verordnung erfasst werden (restriktive Auslegung) oder dass die SE-VO nur einen teilweise geregelten Konzernrechtsbereich bereitstellt, der durch die nationale Gesetzgebung ergänzt werden muss (weite Auslegung)[39]. Die restriktive Auslegung führt zur Anwendung des Internationalen Gesellschaftsrechts, die weite Auslegung zur unmittelbaren Geltung des nationalen Gesellschaftsrechts[40].

Zu dem gleichen Ergebnis wie die restriktive Auslegung, d.h. zur Anwendung des Internationalen Gesellschaftsrechts, gelangt man auch, wenn man Art. 9 Abs. 1 SE-VO als Gesamtnormverweisung versteht. Eine Gesamtnormverweisung erstreckt sich auf das jeweilige nationale Recht einschließlich seines Internationalen Privatrechts (IPR), so dass Weiterverweisungen möglich sind, wenn das anzuwendende nationale IPR auf das Recht eines weiteren Staats verweist[41]. Für die SE wäre danach zunächst einmal allein das nationale Konzernkollisionsrecht des Sitzstaats der SE maßgebend. Dagegen würde sich eine Sachnormverweisung (Art. 3 Abs. 1 S. 2 EGBGB) auf das unmittelbar anwendbare Sachrecht dieses Staats erstrecken[42], so dass sich die Konzernbelange einer grenzüberschreitend konzernverbundenen SE nach dem nationalen Konzernrecht des Sitzstaats der SE unter Ausschaltung seines IPR richten würden[43]. Eine gesetzliche Bezugnahme auf „innerstaatliches" Recht spräche für eine Sachnormverweisung,

---

[39] Hommelhoff, AG 2003, S. 179, 180.
[40] Vgl. hierzu S. 22 ff.
[41] Schwarz, Europäisches Gesellschaftsrecht, Rz. 960.
[42] Schwarz, Europäisches Gesellschaftsrecht, Rz. 960.
[43] Ebert, BB 2003, S. 1854, 1858, 1859; Brandt/Scheifele, DStR 2002, S. 547, 549.

während eine Bezugnahme auf „einzelstaatliches" Recht auf eine Gesamtnormverweisung hindeuten würde[44]. Da indes Artikel 9 auf diese Begriffe verzichtet, hilft diese „Faustformel" nicht weiter. Es muss daher durch Auslegung geklärt werden, ob es sich bei der Generalverweisung in Art. 9 SE-VO um eine Sach- oder um eine Gesamtnormverweisung handelt[45]. Zuvor ein kurzer Exkurs in die Funktionsweise des Internationalen Privatrechts:

a)   Aufgaben des Internationalen Privatrechts

Das IPR lässt sich als „Rechtsanwendungsrecht" verstehen. Es dient dazu, einen konkreten internationalen Sachverhalt im Hinblick auf eine zu beantwortende Rechtsfrage einem bestimmten Staat und seiner Rechtsordnung zuzuordnen[46]. Die Rechtsordnung, der eine Gesellschaft untersteht, wird als Gesellschaftsstatut bezeichnet. Nach dem Gesellschaftsstatut richten sich grundsätzlich alle gesellschaftsrechtlichen Verhältnisse[47]. Das Gesellschaftsstatut der abhängigen Gesellschaft ist maßgeblich, soweit der Schutz von deren Minderheitsgesellschaftern und Gläubigern betroffen ist[48]. Umgekehrt ist das Gesellschaftsstatut der herrschenden Gesellschaft entscheidend, soweit der Schutz von deren Aktionären (Konzernbildungs- und Konzernleitungskontrolle) und die Frage eines Konzernorganisationsrechts betroffen sind[49].

Das Gesellschaftsstatut muss an Hand des Sitzes der Gesellschaft ermittelt werden[50], wobei der traditionelle Meinungsstreit zwischen Sitz- und Gründungstheorie im Internationalen Gesellschaftsrecht von der SE-VO, wie Erwägungsgrund 27 zu erkennen gibt, nicht entschie-

---

[44]   Teichmann, ZGR 2002, S. 383, 396.
[45]   Ebert, BB 2003, S. 1854, 1858; Brandt/Scheifele, DStR 2002, S. 547, 549.
[46]   Veelken, Interessenabwägung im Wirtschaftskollisionsrecht, S. 46, Nagel, Deutsches und europäisches Gesellschaftsrecht, S. 333.
[47]   Grote, Das neue Statut der Europäischen Aktiengesellschaft zwischen europäischem und nationalem Recht, S. 104, 105.
[48]   Ebert, BB 2003, S. 1854, 1856; Jaecks/Schönborn, RIW 2003, S. 254, 255.
[49]   Ebert, BB 2003, S. 1854, 1857; Jaecks/Schönborn, RIW 2003, S. 254, 255.
[50]   Ebert, BB 2003, S. 1854, 1857.

den wird[51]. Prinzipiell sind unterschiedliche Konsequenzen bei Sitz-wahl und Sitzverlegung denkbar, je nachdem, ob Zuzugs- bzw. Weg-zugsstaat der Sitz- oder Gründungstheorie folgen[52]. Der Verordnungs-geber wollte jedoch durch Art. 7 S. 1 SE-VO diese Problematik ent-schärfen[53]. Nach Art. 7 S. 1 SE-VO müssen sich (satzungsmäßiger) Sitz und Hauptverwaltung (Verwaltungssitz) der SE im selben Mit-gliedstaat befinden. Falls dies nicht der Fall ist, kann die SE unter den Voraussetzungen des Art. 64 SE-VO liquidiert werden. Bedeutsam ist dies für Art. 8 Abs. 1 SE-VO, nach dem eine SE ihren (satzungsmäßi-gen) Sitz unter Wahrung der Identität über die Grenze ohne Auflösung und ohne Neugründung in einen anderen Mitgliedstaat verlegen kann. Hiermit kommt die SE-VO den Mobilitätsinteressen der Unternehmen im europäischen Binnenmarkt entgegen, denn trotz des „Zwangs" zur gemeinsamen Sitzverlegung bleiben so die „Strapazen" einer Liquida-tion und Neugründung der Gesellschaft, die die im Internationalen Gesellschaftsrecht vertretene Sitztheorie mit sich bringen würde, den betroffenen Unternehmen erspart.

b)   Restriktive Auslegung und Gesamtnormverweisung

Für die Befürworter einer restriktiven Auslegung des Art. 9 Abs. 1 c ii SE-VO kommt es auf diese Generalverweisungsnorm nicht an[54]. Weil in der SE-VO Regelungen für das Konzernrecht der SE fehlten, seien statt Art. 9 Abs. 1 c ii SE-VO allein die Erwägungsgründe maßgeb-lich, die auf das IPR verwiesen[55].

Nach dem Erwägungsgrund 15 der Verordnung bestimmen sich die Rechte und Pflichten hinsichtlich des Schutzes von Minderheitsaktio-nären und von Dritten, die sich für ein Unternehmen aus der Kontrolle durch ein anderes Unternehmen, das einer anderen Rechtsordnung

---

[51]   Habersack, Europäisches Gesellschaftsrecht, Rz. 398.
[52]   Schwarz, Europäisches Gesellschaftsrecht, Rz. 960; Schulz/Geismar, DStR 2001, S. 1078, 1079.
[53]   Teichmann, ZGR 2002, S. 383, 456.
[54]   Ebert, BB 2003, S. 1854, 1856; Jaecks/Schönborn, RIW 2003, S. 254, 256.
[55]   Blanquet, ZGR 2002, S. 20, 51; Ebert, BB 2003, S. 1854, 1856; Jaecks/Schönborn, RIW 2003, S. 254, 256.

unterliegt, ergeben, entsprechend den Vorschriften und allgemeinen Grundsätzen des IPR nach dem für das kontrollierte Unternehmen geltenden Recht, unbeschadet der sich für das herrschende Unternehmen aus den geltenden Rechtsvorschriften ergebenden Pflichten, beispielsweise bei der Aufstellung der konsolidierten Abschlüsse. Erwägungsgrund 16 weist darauf hin, dass der EU-Ministerrat in der SE-VO derzeit von Sonderregelungen für konzernierte SE abgesehen hat; stattdessen gelten auch für abhängige SE die allgemeinen in der Verordnung enthaltenen Vorschriften und Grundsätze für die SE. Nach Erwägungsgrund 17 müssen die Mitgliedstaaten eine Verweisung auf jene Rechtsvorschriften vorsehen, die für Aktiengesellschaften gelten, die dem Recht des SE-Sitzstaats unterliegen[56]. Erwägungsgrund 20 schließlich nennt Rechtsbereiche wie das Steuerrecht, das Wettbewerbsrecht, den gewerblichen Rechtsschutz und das Konkursrecht, die nicht von der Verordnung erfasst werden. Hierzu wird die Meinung vertreten, auch das Konzernrecht sei ein Rechtsbereich im Sinne des Erwägungsgrunds 20[57]. Aus den Erwägungsgründen wird abgeleitet, dass das für die SE anwendbare Konzernrecht sich aus dem IPR in Gestalt des Internationalen Konzernrechts, d.h. aus dem nationalen Konzernkollisionsrecht der Mitgliedstaaten, ergebe[58]. Das Konzernrecht einer abhängigen SE mit Sitz in Deutschland wäre somit nach §§ 15 ff., 291 ff., 311 ff. AktG zu bestimmen[59].

---

[56] Während Erwägungsrund 15 für Konzernsachverhalte die allgemeinen Grundsätze des Internationalen Privatrechts anordnet, irritiert Erwägungsgrund 17 mit dem Hinweis, es solle angegeben werden, welches Recht anwendbar ist. Dies wird im Schrifttum als Redaktionsversehen erklärt. Der Entwurf von 1989 enthielt eine ausdrückliche kollisionsrechtliche Regelung sowie die seinerzeit Sinn ergebende Formulierung des heutigen Erwägungsgrunds 17. Offenbar ist vergessen worden, diese zu streichen (Teichmann, ZGR 2002, S. 383, 445).

[57] Ebert, BB 2003, S. 1854, 1856. Die zuletzt genannte Begründung könnte sich jedoch als angreifbar erweisen. Aus dem Umstand, dass das Konzernrecht gerade nicht im Erwägungsgrund 20 genannt wird, könnte man auch den umgekehrten Schluss ziehen, dass es doch zumindest teilweise von der SE-VO erfasst wird, auch wenn die Aufzählung der nicht erfassten Rechtsbereiche nur beispielhaft ist.

[58] Blanquet, ZGR 2002, S. 20, 51; Brandt/Scheifele, DStR 2002, S. 547, 549; Ebert, BB 2003, S. 1854, 1856, 1858.

[59] Habersack, Europäisches Gesellschaftsrecht, Rz. 418.

Zur Anwendung des Internationalen Gesellschaftsrechts führt aber auch das Verständnis der Generalverweisungsnorm als einer Gesamtnormverweisung. Eine Gesamtnormverweisung wird damit begründet, dass es schwerlich den EU-Intentionen entsprechen dürfte, dass z.B. das allgemeine Schuldrecht des Sitzstaats auf alle vertragliche Beziehungen der SE Anwendung findet, ohne dass vorher das IPR danach befragt wird, welches das anwendbare Recht sei. Diese Meinung erblickt in den gemeinschaftsrechtlichen Generalverweisungen Gesamtnormverweisungen, die zur Anwendung des IPR führen mit der möglichen Konsequenz, dass Sachnormen aus verschiedenen Mitgliedstaaten in derselben Rechtsfrage angewendet werden[60].

c)   Weite Auslegung und Sachnormverweisung

Für die Anhänger einer weiten Auslegung enthält die SE-VO Teilregelungen zum Konzernrecht (etwa die Art. 61 und 62 SE-VO)[61], so dass sich bei Anwendung des Art. 9 Abs. 1 c SE-VO verbleibende, von der Verordnung nicht erfasste Aspekte über das nationale Konzernrecht regeln lassen, soweit diese Regelungen den Wertentscheidungen der supranationalen Verordnung nicht widersprechen[62]. Für eine SE mit Sitz in Deutschland wäre danach das deutsche Konzernrecht im Rahmen der Vorgaben der SE-VO anwendbar, unabhängig davon, ob es sich um die herrschende oder abhängige Gesellschaft handelt[63].

Zur Unanwendbarkeit des Internationalen Gesellschaftsrechts führt aber auch die im Schrifttum vertretene Auffassung, dass Art. 9 Abs. 1 SE-VO als Sachnormverweisung zu verstehen sei, d.h. als Verweisung auf das unmittelbar anwendbare Sachrecht eines Staates[64]. Gegen die

---

[60]   Brandt/Scheifele, DStR 2002, S. 547, 549. Von der Anwendung des Internationalen Privatrechts geht auch Raiser, in: Festschrift für Semler, S. 277, 295, zur Vorgängerbestimmung des Art. 7 SE-VO 1991 aus, die insoweit sich inhaltlich nicht von Art. 9 Abs. 1 c ii SE-VO unterscheidet.
[61]   Auf diese Vorschriften weist Hommelhoff, AG 2003, S. 179, 180, hin.
[62]   Hommelhoff, AG 2003, S. 179, 180.
[63]   Vgl. Maul in: Theisen/Wenz, Die Europäische Aktiengesellschaft, S. 399, 408.
[64]   Horn, DB 2005, S. 147. Zu den Vorgängerbestimmungen der Generalverweisung: Schwarz, Europäisches Gesellschaftsrecht, Rz. 960, 1100; Grote, Das

Annahme einer Gesamtnormverweisung spräche zunächst, dass Generalverweisungen in den gemeinschaftsrechtlichen Gesellschaftsformen üblicherweise als Sachnormverweisungen begriffen werden[65]. Die Generalverweisung der SE-VO würde darüber hinaus bereits vom Wortlaut her eine Sachnormverweisung indizieren, weil auf konkrete Sachvorschriften des Sitzstaats, und zwar auf das Recht einer bestimmten Rechtsform verwiesen werde[66]. Auch objektiv-teleologische Aspekte sprächen für eine Sachnormverweisung: Soweit gemeinschaftsrechtliche Statute Regelungslücken enthielten, die durch nationales Recht gefüllt werden müssten, sollten europäische Rechtsformen trotzdem soweit wie möglich einheitlich sein. Deshalb müsste zumindest gewährleistet werden, dass auf die einzelne Gesellschaft immer dasselbe Recht angewendet werde. Eine Zwischenschaltung des mitgliedstaatlichen IPR könnte jedoch dazu führen, dass die Gerichte verschiedener Mitgliedstaaten unterschiedliche Sachnormen auf ein und dieselbe Gesellschaft anwendeten. Zudem wäre Einheitlichkeit und Vorhersehbarkeit der Verweisungsregelung beeinträchtigt, würde man der Generalverweisung den Charakter einer Gesamtnormverweisung zusprechen[67].

d)   Fallkonstellationen
aa)   SE als abhängige Gesellschaft in Deutschland

Die Auslegung des Art. 9 Abs. 1 c ii SE-VO als Sachnormverweisung würde zu dem gleichen Ergebnis führen wie die Auslegung dieser Bestimmung als Gesamtnormverweisung mit der damit verbundenen Anwendung des Internationalen Gesellschaftsrechts, soweit das Konzernrecht einer in Deutschland ansässigen abhängigen SE betroffen ist und es um den Schutz von deren Minderheitsaktionären und Gläubigern geht: Es wäre das Konzernrecht am Sitz der abhängigen SE anwendbar[68]. Nach allgemeinen Regeln des Internationalen Gesell-

---

neue Statut der Europäischen Aktiengesellschaft zwischen europäischem und nationalem Recht.

[65]   Schwarz, Europäisches Gesellschaftsrecht, Rz. 960.
[66]   Schwarz, Europäisches Gesellschaftsrecht, Rz. 1100.
[67]   Schwarz, Europäisches Gesellschaftsrecht, Rz. 960, 1100.
[68]   Ebert, BB 2003, S. 1854, 1859; Jaecks/Schönborn, RIW 2003, S. 254, 256.

schaftsrechts gilt für eine abhängige SE mit Sitz in Deutschland das deutsche Konzernrecht, d.h. die §§ 15 ff., 291 ff., 311 ff. AktG[69]. Soweit es um den Schutz der Aktionäre der Obergesellschaft (Konzernbildungs- und Konzernleitungskontrolle „von oben") und die Frage des Konzernorganisationsrechts geht, gilt jedoch das ausländische Recht am Sitz des herrschenden Unternehmens im Ausland[70].

bb)   SE als herrschende Gesellschaft in Deutschland

Art. 9 Abs. 1 c ii SE-VO verweist auf das auf Aktiengesellschaften anwendbare Recht im Sitzstaat der SE, ohne zwischen abhängigen und herrschenden Unternehmen zu unterscheiden. Für eine herrschende SE mit Sitz in Deutschland würde eine Sachnormverweisung bedeuten, dass die SE nach dem deutschen Konzernsachrecht behandelt wird. Hier unterscheiden sich in Bezug auf die Konsequenzen die Sach- und die Gesamtnormverweisung: Die Sachnormverweisung würde dazu führen, dass die materiellen Regelungen am Sitz der herrschenden SE in Deutschland auch für den Schutz der abhängigen Gesellschaft, die z.B. in Frankreich ansässig ist, gelten würde. Nach der Gesamtnormverweisung wäre das nationale Konzernsachrecht am Sitz der abhängigen Gesellschaft anzuwenden[71], d.h. für die abhängige Gesellschaft mit Sitz in Frankreich würde nach den Grundsätzen des deutschen IPR französisches Recht gelten[72]. Auch bei einer herrschenden SE wäre also nach der Gesamtnormverweisung das nationale Konzernschutzrecht am Sitz der abhängigen Gesellschaft anzuwenden, soweit es den Schutz von deren Minderheitsaktionären und Gläubigern betrifft[73].

Umgekehrt wäre das Gesellschaftsstatut des herrschenden Unternehmens in Deutschland anzuwenden, soweit die Konzernbildungs- und Konzernleitungskontrolle auf der Ebene des herrschenden Unternehmens zum Schutz von deren Aktionären bzw. die Konzernverfassung

---

[69]   Teichmann, ZGR 2002, S. 383, 445.
[70]   Jaecks/Schönborn, RIW 2003, S. 254, 261.
[71]   Ebert, BB 2003, S. 1854, 1859.
[72]   Maul in: Theisen/Wenz, Die Europäische Aktiengesellschaft, S. 399, 436.
[73]   Jaecks/Schönborn, RIW 2003, S. 254, 257.

„von oben" betroffen ist. In Deutschland wären insoweit die §§ 293 Abs. 2, 179a, 319 Abs. 2 AktG relevant[74].

e) Position des Instituts „Finanzen und Steuern" und Konsequenzen

Nach Auffassung des Instituts „Finanzen und Steuern" ist Art. 9 Abs. 1 c ii SE-VO als Gesamtnormverweisung zu verstehen. Nur diese Auslegung deckt sich mit dem im Erwägungsgrund 15 zum Ausdruck gebrachten Willen des EU-Verordnungsgebers, das IPR anzuwenden. Die Erwägungsgründe geben den Willen und die Beweggründe des EU-Verordnungsgebers wieder; sie sind Bestandteil gemeinschaftsrechtlicher Verordnungen, so dass sie für die Auslegung dieser Verordnungen fruchtbar gemacht werden können[75]. Von hoher Bedeutung sind sie insbesondere für die teleologische Auslegung[76], die die Auslegung nach dem Wortlaut oft in den Hintergrund drängt[77], insbesondere wenn der Wortlaut wie hier nicht eindeutig ist. Danach lässt sich zumindest feststellen, dass mit der Verweisung auf nationales Recht kein ausschließlicher Zugriff auf das nationale Sachrecht bezweckt war. Würde die Generalverweisungsbestimmung als Sachnormverweisung angesehen werden, wäre außerdem das widersprüchliche Ergebnis zu beklagen, dass Erwägungsgrund 15 auf das IPR verweist, während Art. 9 Abs. 1 c ii SE-VO das IPR gerade ausschalten würde. Fließen jedoch die in Erwägungsrund 15 sich manifestierenden Motive des Verordnungsgebers in die Interpretation der Generalverweisungsnorm ein, kann Art. 9 Abs. 1 c ii SE-VO nur als Gesamtnormverweisung verstanden werden.

Das Konzernrecht einer abhängigen SE mit Sitz in Deutschland bestimmt sich somit nach den §§ 15 ff., 291 ff., 311 ff. AktG, sofern

---

[74] Jaecks/Schönborn, RIW 2003, S. 254, 265.

[75] EuGH, Urt. v. 25.1.1977, Slg. 1977, S. 29, 35 – Derycke; Urt. v. 21.2.1979, Slg. 1979, S. 713, 721 – Stölting/Hauptzollamt Hamburg-Jonas; Maul, Die faktisch abhängige SE (Societas Europaea) im Schnittpunkt zwischen deutschem und europäischem Recht, S. 18.

[76] Teichmann, ZGR 2002, S. 383, 405.

[77] Maul, Die faktisch abhängige SE (Societas Europaea) im Schnittpunkt zwischen deutschem und europäischem Recht, S. 16.

keine höherrangigen Vorgaben der SE-VO diesen Bestimmungen entgegenstehen. Bei einer herrschenden SE mit Sitz in Deutschland gilt für die abhängige Gesellschaft im Ausland ausländisches Konzernsachrecht[78]. Zwei Beispiele zum faktischen Konzern sollen dies veranschaulichen:

Beispiel 1: Eine Mutter-SE mit Sitz in Frankreich herrscht über eine in Deutschland ansässige Tochter-SE. Für die Mutter-SE gelten zwar grundsätzlich die Regelungen des französische Code de commerce, während auf die abhängige SE in Deutschland das deutsche AktG Anwendung findet. Nach den Grundsätzen des deutschen IPR kommt es aber maßgeblich auf das Gesellschaftsstatut der abhängigen Gesellschaft an, so dass gegenüber der herrschenden in Frankreich ansässigen SE etwaige Ersatzansprüche durch Aktionäre der abhängigen in Deutschland ansässigen Tochter-SE nach deutschem Recht, d.h. im faktischen Konzern nach § 317 AktG geltend gemacht werden können.

Beispiel 2: Beherrscht eine Mutter-SE mit Sitz in Deutschland eine französische société anonyme, gilt für die im Ausland befindliche abhängige Tochtergesellschaft französisches Recht. Veranlasst die deutsche Mutter-SE nachteilige Geschäfte zum Schaden der französischen Tochter, richtet sich die Frage der Haftung allein nach französischem Recht, weil der für die Bestimmung des anwendbaren Rechts maßgebliche Sitz der abhängigen Gesellschaft, das Gesellschaftsstatut, sich in Frankreich befindet.

C. Kompatibilität des deutschen Konzernrechts mit der SE-VO

Soweit deutsches Konzernrecht nach den oben dargestellten Prinzipien zur Anwendung kommt, stellt sich die Frage der Vereinbarkeit

---

[78] Jaecks/Schönborn, RIW 2003, S. 254, 264, 265: So könnten etwa die im englischen und französischen Insolvenzrecht für Unternehmensverbindungen entwickelten Haftungsansätze (wrongful trading, action en comblement du passif), die beide für faktische Geschäftsführer (shadow director, Dirigeant de fait) gelten, Anwendung finden.

mit der SE-VO. Gemäß Art. 1 § 49 Abs. 1 SEEG treten für die Anwendung der §§ 308 bis 318 AktG an die Stelle des Vorstands der Gesellschaft die geschäftsführenden Direktoren. Diese Vorschrift trägt dem Umstand Rechnung, dass auch eine bislang in Deutschland nicht praktizierte monistische Struktur gewählt werden kann, und verweist im Übrigen auf die Bestimmungen des Vertrags- und faktischen Konzerns. Eine entsprechende Anordnung enthält Art. 1 § 49 Abs. 2 SEEG für den Eingliederungskonzern nach den §§ 319 ff. AktG. Es lässt sich also feststellen, dass Artikel 1 des SEEG ohne Modifikationen auf die sachrechtlichen Regelungen des AG-Konzernrechts verweist. Daher ist die Vereinbarkeit des deutschen AG-Konzernrechts mit den gemeinschaftsrechtlichen Vorgaben der SE-VO zu überprüfen. Zu diesem Zweck seien die Wesenszüge des AG-Konzernrechts im Hinblick auf eine etwaige Kollision mit der SE-VO im Folgenden dargestellt.

I. Schutz- und Organisationsrecht

Nach einem Urteil des Bundesgerichtshofs vom 13.10.1977 setzt die Beherrschung einer AG durch einen Unternehmensaktionär die außenstehenden Aktionäre und Gläubiger dieser Gesellschaft Gefahren aus, denen mit dem überkommenen Instrumentarium des allgemeinen Gesellschaftsrechts nicht effektiv genug begegnet werden kann. Konzernkonflikte in einer abhängigen Tochtergesellschaft seien vielmehr so beschaffen, dass sie in einem besonderen eigenständigen Schutzrecht kodifiziert werden müssten, einem Schutzrecht mit Vorkehrungen, das über den allgemeinen Minderheitenschutz hinausgeht[79].

Im Konzernrecht des deutschen AktG ist dieser Gedanke eines konzernspezifischen Außenseiterschutzes verwirklicht. Es zielt in erster Linie darauf ab, außen stehende Aktionäre und Gläubiger in der abhängigen AG vor den Gefahren zu bewahren, die sich aus der Herrschaftsmacht der Obergesellschaft ergeben[80]. Mit Ausnahme von Por-

---

[79] BGH, Urt. v. 13.10.1977, II ZR 123/76, BGHZ 69, 334, 337.

[80] Hommelhoff in: Lutter, Konzernrecht im Ausland, S. 55, 61, 62; Jaecks/Schönborn, RIW 2003, S. 254.

tugal haben andere EU-Mitgliedstaaten kein vergleichbares Schutz- und Organisationsrecht in ihrem Konzernrecht[81].

II. Mögliche Kollisionspunkte in den deutschen Konzernregelungen

Das deutsche Konzernrecht unterscheidet grundlegend zwischen Vertragskonzernen (§§ 291, 308 ff. AktG), die durch den Beherrschungsvertrag zwischen dem herrschenden und dem abhängigen Unternehmen begründet werden, und faktischen Konzernen (§§ 311 ff. AktG)[82]. Darüber hinaus gibt es die besondere Form des Eingliederungskonzerns gemäß §§ 319 ff. AktG, der wie der Vertragskonzern einen Unternehmensvertrag voraussetzt.

1. Eingliederungskonzerne

Die Eingliederung einer AG in eine andere AG als Hauptgesellschaft ähnelt wirtschaftlich der Verschmelzung. Sie unterscheidet sich von der Verschmelzung dadurch, dass die eingegliederte Gesellschaft zwar wirtschaftlich nur die Stellung einer Betriebsabteilung hat, rechtlich aber als selbständige juristische Person erhalten bleibt, so dass grundsätzlich sämtliche Bestimmungen des AktG und des HGB gelten[83]. Die Eingliederung ist die engste denkbare Verbindung zwischen recht lich selbständigen Unternehmen. Sie zeichnet sich durch das Fehlen außen stehender Aktionäre und durch einen umfassenden Gläubigerschutz aus (§§ 320a, 321 f., 324 Abs. 3 AktG). Die Hauptgesellschaft hat ein weitgehendes Weisungsrecht (§ 323 Abs. 1 AktG) gegenüber der abhängigen Gesellschaft; sie kann zudem auf das Vermögen der abhängigen Gesellschaft zugreifen (§§ 323 Abs. 2, 324 Abs. 1 AktG)[84].

---

[81] Schwarz, Europäisches Gesellschaftsrecht, Rz. 867; Hommelhoff, AG 2003, S. 179, 181.
[82] Schwarz, Europäisches Gesellschaftsrecht, Rz. 871.
[83] Emmerich/Sonnenschein/Habersack, Konzernrecht, S. 130, 152.
[84] Emmerich/Sonnenschein/Habersack, Konzernrecht, S. 149.

Am Eingliederungskonzern können nach dem AktG nur deutsche Aktiengesellschaften beteiligt sein. Wie die §§ 319 Abs. 1 und 327 Abs. 1 Nr. 2 AktG zum Ausdruck bringen, sind Eingliederungsverträge grenzüberschreitend nicht zulässig[85]. Art. 1 § 49 Abs. 2 SEEG verweist jedoch für die SE auf die §§ 319 bis 327 AktG, unterstellt also, dass eine Beteiligung der SE an einem Eingliederungskonzern rechtlich möglich sei. Vom Ergebnis her ist dieser Verweis auch richtig, denn eine SE muss an einem Eingliederungskonzern beteiligt sein können, weil sie andernfalls entgegen Art. 10 SE-VO gegenüber nationalen Aktiengesellschaften diskriminiert wäre. Insoweit besteht also eine zwingende supranationale Vorgabe. Allerdings verbietet das deutsche Konzernrecht gegenwärtig grenzüberschreitende Eingliederungsverträge, so dass der deutsche Gesetzgeber § 319 Abs. 1 und § 327 Abs. 1 AktG noch entsprechend ändern muss.

2.   Vertragskonzerne und ihre Besonderheiten

Den Vertragskonzern (§§ 291 ff. AktG), der einen Beherrschungsvertrag voraussetzt, prägen folgende Elemente:

- Die Konzernmutter hat Weisungsrechte gegenüber der Konzerntochter. Sie kann dem Vorstand der abhängigen Konzerntochter dem Eigeninteresse der abhängigen Gesellschaft entgegenstehende und damit nachteilige Weisungen hinsichtlich der Gesellschaftsleitung erteilen, wenn diese im Konzerninteresse liegen (§ 308 Abs. 1 AktG).
- Im Vertragskonzern gelten für die Tochtergesellschaft die aktienspezifischen Regelungen zur Kapitalerhaltung nicht. Das Vermögen der Tochtergesellschaft kann auch dann übertragen werden, wenn normalerweise (außerhalb eines Vertragskonzerns) das Kapitalerhaltungsrecht verletzt wäre (§ 291 Abs. 3 AktG). Im Gegenzug muss die Konzernmutter gemäß § 302 Abs. 1 AktG einen eventuellen Jahresverlust der Konzerntochter ausgleichen. Aktionäre der Konzerntochter können beim Abschluss des Beherrschungs- oder Gewinnabführungsvertrags aus der Tochtergesellschaft gemäß § 305 AktG gegen

---

[85]   Nagel, Deutsches und europäisches Gesellschaftsrecht, S. 337.

Abfindung ausscheiden oder sie verbleiben in der Konzern-tochter und erhalten gemäß § 304 AktG eine Garantiedividen-de oder eine Dividende, die sich an der Dividende der Mutter-gesellschaft orientiert.

Diese Elemente müssen mit der SE-VO zu vereinbaren sein.

a)   **Weisungsrecht und Interessenüberlagerung unter Berück-sichtigung der Unternehmensstruktur**

Die Grundzüge der Gesellschaftsverfassung einer SE sind in allen Mitgliedstaaten gleich. Art. 38 b SE-VO eröffnet jedoch den Unter-nehmen das Recht, sich entweder für ein monistisches oder für ein dualistisches System zu entscheiden. Die Gründungsgesellschaften legen durch ihre Satzung die gewünschte Unternehmensstruktur fest. Das monistische System kennt nur ein einziges Verwaltungsorgan, das dualistische ein Leitungs- und ein Aufsichtsorgan (Vorstand und Auf-sichtsrat). Dieses Wahlrecht kann der nationale Gesetzgeber nicht einschränken[86].

aa)   **Dualistisches System**

Das in Deutschland bislang[87] praktizierte dualistische System ist eine nach der SE-VO weiterhin zulässige Unternehmensstruktur. Die Auf-gaben des Leitungsorgans sind dabei von denen des Aufsichtsrats strikt getrennt.

Das Weisungsrecht eines herrschenden Unternehmens im Vertrags-konzern muss sich im Rahmen der in Art. 38 bis 51 SE-VO veranker-ten Vorgaben des Gemeinschaftsrechts halten. Nach Art. 39 Abs. 1 SE-VO führt das Leitungsorgan der SE die Geschäfte der Gesellschaft in eigener Verantwortung.

---

[86] Kallmeyer, AG 2003, S. 197, 198.
[87] Das deutsche SEEG sieht bereits beide Systeme alternativ vor: vgl. Art. 1 §§ 15-19 für das dualistische System und Art. 1 §§ 20-49 für das monistische System.

Im Schrifttum wird die Ansicht vertreten, bei einer dualistischen Unternehmensverfassung widerspreche das Weisungsrecht eines herrschenden Unternehmens einer eigenverantwortlichen Geschäftsführung. Die Vorgabe der SE-VO sei auch nicht zur Disposition der Mitgliedstaaten gestellt, so dass eine nationale Abweichung Deutschlands sich nicht mit der supranationalen Verordnung vereinbaren lasse, die unmittelbar geltendes Recht in der EU darstelle[88].

bb) Monistisches System

In der Literatur werden auch Bedenken gegen das deutsche Weisungsrecht des herrschenden Unternehmens im Konzern erhoben, soweit es um die Vereinbarkeit mit dem in Deutschland bislang nicht praktizierten monistischen System geht. Die monistische Unternehmensstruktur kann für eine SE mit Sitz in Deutschland aufgrund des unmittelbar geltenden Art. 38 b SE-VO installiert werden. Gemäß Art. 43 Abs. 1 S. 1 SE-VO führt das Verwaltungsorgan die Geschäfte der SE. Nach Satz 2 dieses Artikels kann ein Mitgliedstaat vorsehen, dass ein oder mehrere Geschäftsführer die laufenden Geschäfte in eigener Verantwortung unter denselben Voraussetzungen, wie sie für Aktiengesellschaften mit Sitz im Hoheitsgebiet des betreffenden Mitgliedstaats gelten, führt bzw. führen.

Aus Art. 43 Abs. 1 S. 1 SE-VO wird gefolgert, die Vorschrift erlaube weder dem die Geschäfte der SE leitenden Verwaltungsorgan insgesamt noch innerhalb dieses Leitungsorgans den Geschäftsführern einen Freiraum autonomer Leitung. Das monistische System lasse gemeinschaftsrechtlich einen Raum der eigenverantwortlichen Geschäftsführung, der nicht von außen stehenden Dritten beeinträchtigt werden dürfe. Bei einer SE als abhängige Gesellschaft mit Sitz in Deutschland, wäre aber das deutsche Weisungsrecht des herrschenden Unternehmens rechtsdogmatisch als Weisungsrecht eines außerhalb der SE stehenden Dritten zu werten. Dies widerspreche der SE-VO, nach denen die Weisungs- und Einflussmöglichkeiten nur intern ausgeübt werden könnten und nicht im Verhältnis zwischen herrschen-

---

[88] Hommelhoff, AG 2003, S. 179, 182.

dem und abhängigem Unternehmen. So beschränke Art. 38 SE-VO die Einflussmöglichkeiten im monistischen System auf die Hauptversammlung (Art. 38 SE-VO)[89]. Ferner erfordere Art. 48 Abs. 1 S. 1 SE-VO, dass bestimmte Arten von Geschäften zu ihrer Wirksamkeit eines ausdrücklichen Beschlusses des Verwaltungsorgans bedürften. Im Verwaltungsorgan seien sowohl die geschäftsführenden als auch die nicht geschäftsführenden Mitglieder stimmberechtigt. Dies sei nicht mit § 308 Abs. 3 i.V.m. § 111 Abs. 4 S. 2 AktG kompatibel, denn hieraus gehe hervor, dass bestimmte Geschäfte, die auf Weisung der herrschenden Gesellschaft vorzunehmen seien, nur mit Zustimmung des im monistischen System nicht existierenden Aufsichtsrats vollzogen werden könnten[90].

cc) Interessenüberlagerung

Schließlich wird in der Literatur die mit dem Weisungsrecht des herrschenden Unternehmens einhergehende Interessenüberlagerung bemängelt. Im Gegensatz zum deutschen Recht des Vertragskonzerns sei in der EU überwiegend der Gedanke maßgeblich, dass jede Gesellschaft ihren vorgegebenen Zweck verfolge und dabei ihre eigenen Interessen nicht zurückstelle. Etwa im französischen Konzernrecht, das vom Richterrecht geprägt sei[91], komme zum Ausdruck, dass es prinzipiell auf die gemeinsamen Interessen aller Gesellschafter und Aktionäre ankomme, die von Individualinteressen eines Gesellschafters oder Aktionärs im Einzelfall abweichen könnten[92]. Maßstab für die Entscheidung in der konzernverbundenen Gesellschaft sei grundsätzlich das Eigeninteresse dieser Gesellschaft und nicht das Konzerninteresse der herrschenden Gesellschaft[93]. In Großbritannien, das wie Frankreich keinen Vertragskonzern nach dem Muster des § 291 AktG

---

[89] Hommelhoff, AG 2003, S. 179, 182.

[90] Maul in: Theisen/Wenz, Die Europäische Aktiengesellschaft, S. 399, 447, sieht hierin kein Problem, wenn § 308 Abs. 3 AktG dahin gehend gelesen wird, dass anstelle des dort angesprochenen Aufsichtsrats das Gesamtorgan der SE einen Beschluss zu fassen hat.

[91] Schwarz, Europäisches Gesellschaftsrecht, Rz. 881.

[92] Hommelhoff, AG 2003, S. 179, 182.

[93] Schwarz, Europäisches Gesellschaftsrecht, Rz. 884.

kenne[94], müsse der Vorstand stets im Interesse seiner Gesellschaft handeln. Der Vorstand einer abhängigen Gesellschaft dürfe also prinzipiell nicht sein Eigeninteresse dem Konzerninteresse opfern[95]. Auch andere EU-Mitgliedstaaten lehnten es grundsätzlich ab, dass eine Konzerngesellschaft fremden Interessen unterworfen werde. Daher sei es nicht erforderlich, ausdrücklich in der SE-VO eine Interessenausrichtung zu regeln. Vielmehr sei auch ohne ausdrückliche Regelung anzunehmen, dass die SE nach dem Gemeinschaftsrecht auf ihre eigenen Interessen ausgerichtet sei und nicht den fremden Interessen Dritter unterworfen werden dürfe, insbesondere nicht Konzerninteressen zum Nachteil der eigenen Gesellschaftsinteressen. Eine andere Interessenausrichtung hätte in der SE-VO ausdrücklich geregelt werden müssen. Da eine derartige Regelung fehle, könne der SE-VO der Gedanke zugrunde gelegt werden, dass eine SE ihre eigenen Interessen verfolge und keinen fremden Interessen Dritter unterworfen werden dürfe, die für sie nachteilig sein könnten[96]. Beim deutschen Weisungsrecht im Vertragskonzern in der Gestaltung, dass die SE in Deutschland die abhängige Gesellschaft darstelle, wäre eine Verfolgung eigener Interessen der SE aufgrund der Vorrangstellung der Interessen der Konzernmutter nicht mehr gewährleistet. Insoweit vertrage sich das deutsche AktG in der Interessenausrichtung (Konzerninteresse vor Eigeninteresse der abhängigen Gesellschaft) nicht mit der SE-Verordnung[97].

b)   **Kapitalerhaltung**

Für das Recht der Kapitalerhaltung verweist Art. 5 SE-VO auf die nationalen Regelungen der Mitgliedstaaten. Eine SE mit Sitz in Deutschland unterliegt damit den §§ 57 ff. AktG. Beim Vertragskonzern ist jedoch das Recht der Kapitalerhaltung gemäß § 291 Abs. 3 AktG außer Kraft gesetzt. Fraglich ist deshalb, ob die Verweisung des Art. 5 SE-VO auch für § 291 Abs. 3 AktG gilt.

---

[94]   Schwarz, Europäisches Gesellschaftsrecht, Rz. 877, 883.
[95]   Schwarz, Europäisches Gesellschaftsrecht, Rz. 878.
[96]   Hommelhoff, AG 2003, S. 179, 182.
[97]   Hommelhoff, AG 2003, S. 179, 182.

Hommelhoff ist der Auffassung, in der SE-VO hätte klargestellt werden müssen, dass das Prinzip der Kapitalerhaltung durchbrochen werden dürfe, wenn dies der wirklichen Intention des EU-Gesetzgebers entsprochen hätte. Zum Prinzip der Kapitalerhaltung gehörten u.a. das Verbot jeglicher Einlagenrückgewähr (§ 57 Abs. 1 und 2 AktG) und das Verbot, vor Auflösung der AG mehr Dividende auszuschütten, als dem Bilanzgewinn entspreche (§ 57 Abs. 3 AktG). § 291 Abs. 3 AktG befreie den Vertragskonzern von den Bindungen des § 57 AktG. Da eine Durchbrechung des Prinzips der Kapitalerhaltung Ausnahmecharakter habe, hätte in der SE-VO auf die Zulässigkeit einer solchen Durchbrechung hingewiesen werden müssen. Daran fehle es jedoch, so dass gefolgert werden könne, dass bei einer SE das Prinzip der Kapitalerhaltung ohne Durchbrechungsmöglichkeit gewahrt bleiben müsse. Deshalb widerspreche § 291 Abs. 3 AktG der SE-VO[98].

c)   Position des Instituts „Finanzen und Steuern"

Das Institut „Finanzen und Steuern" ist nicht der Auffassung, dass eine Anwendung der Kapitalerhaltungsnormen des Aktiengesetzes auf die SE gemeinschaftswidrig sei.

Die SE-VO ließ sich nur realisieren, weil sie viele Rechtsfragen nicht geregelt hat. Die EU-Staaten hätten sicherlich ihre Zustimmung verweigert, wenn zu gravierende Einschnitte in ihre Rechtskodifikationen zu erwarten gewesen wären. In diesem Lichte müssen auch die wenigen sachrechtlichen Regelungen der SE-VO betrachtet werden. Auf keinen Fall kann auf eine Intention geschlossen werden, ausgereifte nationalstaatliche Konzernrechte zur Disposition zu stellen, wenn man berücksichtigt, dass die SE-VO Konzernrechtsfragen gerade offen lässt. Das deutsche Konzernrecht, das im Wesentlichen Schutzrecht der abhängigen Gesellschaft bereitstellte, gilt in Europa als am entwickelsten. Viele Länder haben von sich selbst die Vorstellung, sie besäßen kein eigenes Konzernrecht. Andere Länder wie etwa Portugal und Brasilien sind dem deutschen Vorbild gefolgt. Vor diesem Hintergrund kann nicht angenommen werden, dass der Verordnungsgeber

---

[98]   Hommelhoff, AG 2003, S. 179, 182.

mit der eigenverantwortlichen Geschäftsführung i.S.d. Art. 39 Abs. 1 SE-VO eine Norm schaffen wollte, die ein gewachsenes Konzernrecht mit Schutzmechanismen für die abhängige Gesellschaft zu Fall bringen müsste. Deshalb ist das nach deutschem Konzernrecht bestehende Weisungsrecht der herrschenden Gesellschaft gegenüber der abhängigen Gesellschaft als gemeinschaftskonform zu werten, zumal das deutsche Konzernrecht der herrschenden Gesellschaft bei nachteiligen Weisungen Ausgleichspflichten auferlegt.

Das monistische Leitungssystem war der deutschen Rechtsordnung bislang unbekannt. Daher erklärt Art. 1 § 20 SEEG, bezogen auf die SE, Vorschriften des AktG (die §§ 76 bis 116 AktG) für unanwendbar, die ausschließlich auf das dualistische System zugeschnitten sind. Argumente, die sich auf Vorschriften stützen, die das dualistische System voraussetzen, wie etwa das Zustimmungserfordernis des Aufsichtsrats nach § 111 Abs. 4 i.V.m. § 308 Abs. 3 AktG, belegen daher nicht die Gemeinschaftswidrigkeit der deutschen Konzernsachregelungen. Im Übrigen kann hier nichts anderes gelten als beim Weisungsrecht im dualistischen System: Aus dem Umstand, dass die SE-VO das Konzernrecht der SE gerade nicht regelt, kann sinnvollerweise nur gefolgert werden, dass die Mitgliedstaaten in ihrer nationalen Gesetzgebungsfreiheit insoweit grundsätzlich nicht beschränkt sein sollen.

Die SE-VO liefert darüber hinaus keinen Anhaltspunkt dafür, dass die Unterordnung der Interessen der abhängigen Gesellschaft unter die Interessen der herrschenden Gesellschaft unzulässig wäre. Aus dem Schweigen der Verordnung kann nicht geschlossen werden, dass eine bestimmte gesellschaftsrechtliche Konzeption ausgeschlossen werden sollte. Prinzipiell wollte der Verordnungsgeber in den von ihm nicht behandelten Rechtsfragen den Mitgliedstaaten die Freiheit gewähren, eigene Vorstellungen zu verwirklichen. Insofern ist es nicht zu beanstanden, dass nach deutschem Recht die Interessen der Konzernmutter denen der abhängigen SE-Tochter übergeordnet sind.

Schließlich erzwingen auch die im deutschen Vertragskonzernrecht vorgesehenen Ausnahmen vom Grundsatz der Kapitalerhaltung nicht die Schlussforderung, die entsprechenden Vorschriften des AktG seien im Falle ihrer Anwendung auf die SE gemeinschaftsrechtswidrig. Das Recht der Kapitalerhaltung ist nach Art. 5 SE-VO ausdrücklich der nationalen Regelung durch die Mitgliedstaaten vorbehalten. Dieses Recht umfasst aber nicht nur grundsätzliche Vorschriften wie die §§ 57 ff. AktG, die der Kapitalerhaltung dienen, sondern auch solche, die eine ausnahmsweise Durchbrechung zulassen wie etwa § 291 Abs. 3 AktG. Ein Verstoß gegen das Gemeinschaftsrecht liegt deshalb wegen des ausdrücklichen Vorbehalts nationaler Regelungen in Art. 5 SE-VO nicht vor.

3. Elemente der faktische Konzerne

Beim faktischen Konzern sind es zwei aktienrechtliche Regelungen, die mit dem Gemeinschaftsrecht der SE kollidieren könnten: das Recht einer herrschenden Gesellschaft, der abhängigen Gesellschaft, Nachteile zuzufügen in Verbindung mit der Ausgleichspflicht und das Schutzrecht in Gestalt eines Berichts- und Prüfsystems.

a) Nachteilszufügung (§ 311 AktG)

Im faktischen Konzern (ohne Beherrschungsvertrag) darf die herrschende Gesellschaft gemäß § 311 Abs. 1 und 2 AktG den Vorstand der abhängigen Gesellschaft zu nachteiligen Maßnahmen veranlassen, wenn diese durch entsprechende Vorteile ausgeglichen werden. Der Nachteil muss bis zum Jahresende ausgeglichen werden. Andernfalls macht sich das herrschende Unternehmen nach § 317 AktG schadensersatzpflichtig. Im Unterschied zum Vertragskonzern ist die abhängige Gesellschaft im faktischen Konzern grundsätzlich nicht gezwungen, nachteilige Maßnahmen der herrschenden Gesellschaft zu dulden. Ein generelles Weisungsrecht wie im Vertragskonzern und eine Unterordnung der Interessen der abhängigen Gesellschaft unter die Interessen der herrschenden Gesellschaft bestehen nicht[99].

---

[99] Maul, Die faktisch abhängige SE (Societas Europaea) im Schnittpunkt zwischen deutschem und europäischem Recht, S. 24; Nagel, Deutsches und europäisches Gesellschaftsrecht, S. 217.

Auch gegen ein Nachteilszufügungsrecht der herrschenden Gesellschaft gegenüber einer SE werden im Schrifttum europarechtliche Bedenken geltend gemacht. Die SE als abhängige Gesellschaft könne nicht fremden Interessen unterworfen werden. Wenn einer abhängigen SE Nachteile zugefügt werden dürften, wären ihre eigenen Interessen eklatant verletzt. Eine Nachteilszufügung im Sinne des § 311 Abs. 1 AktG lasse sich damit nicht mit der SE-VO vereinbaren. Gleiches gelte für § 311 Abs. 2 AktG, nach dem der Nachteil erst bis zum Ende des Geschäftsjahrs ausgeglichen werden müsse[100].

b)   Berichts- und Prüfsystem (§§ 312 ff. AktG) unter Berücksichtigung der Organisationsstruktur

Die abhängige Gesellschaft, außen stehende Aktionäre und Gläubiger werden nach deutschem Konzernrecht durch ein qualifiziertes Berichts- und Prüfsystem geschützt[101]. Ein vergleichbares, allerdings präventiv ausgerichtetes Schutzsystem bietet das französische Konzernrecht. Nach deutschem Konzernrecht hat der Vorstand der abhängigen Gesellschaft alle Rechtsgeschäfte mit anderen Konzerngesellschaften und sämtliche Maßnahmen, zu denen die abhängige Gesellschaft zu ihrem Nachteil veranlasst worden ist oder die deren Vorstand im Interesse der herrschenden Gesellschaft vorgenommen hat, nach § 312 Abs. 1 AktG in einem Abhängigkeitsbericht aufzulisten und zu bewerten. Der Bericht wird nach § 313 AktG von einem externen Sachverständigen, einem Wirtschaftsprüfer und danach vom Aufsichtsrat der abhängigen Gesellschaft überprüft. Der Aufsichtsrat teilt den Aktionären in der Hauptversammlung das Ergebnis seiner Prüfung nach § 314 Abs. 2 AktG mit. Die einzelnen Berichtsgrundlagen bleiben intern. Weder der Abhängigkeitsbericht des Vorstands der Tochtergesellschaft noch der Prüfbericht des Wirtschaftsprüfers werden veröffentlicht[102]. § 315 AktG schließlich gewährt Aktionären zu-

---

[100]   Hommelhoff, AG 2003, S. 179, 183.
[101]   Maul, Die faktisch abhängige SE (Societas Europaea) im Schnittpunkt zwischen deutschem und europäischem Recht, S. 23.
[102]   Maul, Die faktisch abhängige SE (Societas Europaea) im Schnittpunkt zwischen deutschem und europäischem Recht, S. 28; Hommelhoff, AG 2003, S. 179, 182.

dem ein Recht auf Sonderprüfung. Im Schrifttum[103] wird erörtert, ob die deutschen Vorschriften mit den Schutzregelungen der Art. 52, 55 Abs. 1 und 3 sowie 56 SE-VO kompatibel sind.

c)   Position des Instituts „Finanzen und Steuern"

In der Literatur wird zu Recht darauf hingewiesen, dass das Berichts- und Prüfsystem das Kapitalerhaltungsrecht verstärkt und die Aktionärsminderheit und die Gläubiger der Tochtergesellschaft schützt[104]. Es muss berücksichtigt werden, dass Art. 53 SE-VO im Bereich des Minderheitenschutzes auf das ergänzende Recht der Mitgliedstaaten verweist. Darüber hinaus steht es den Mitgliedstaaten nach Art. 9 Abs. 1 c ii SE-VO generell offen, Informationsrechte der einzelnen Aktionäre national zu regeln. Dies zeigt, dass der Individual- und Minderheitenschutz vornehmlich Sache der mitgliedstaatlichen Rechtsordnungen ist, so das die Regelungen der §§ 312 ff. AktG mit der supranationalen SE-VO prinzipiell nicht in Konflikt geraten können. Auch die zweite Zielrichtung des Berichts- und Prüfsystems im faktischen Konzern, der Schutz der Gläubiger der Tochtergesellschaft, ist mit dem Gemeinschaftsrecht vereinbar. Art. 5 SE-VO verweist auf das Kapitalerhaltungsrecht der Mitgliedstaaten. Verstärkungen dieses Rechts, die einzelne Mitgliedstaaten für bestimmte Sonderkonstellationen vorsehen, werden von diesem Verweis mitgetragen. Daraus kann gefolgert werden, dass das deutsche Berichts- und Prüfsystem im faktischen Konzern in beiden Ausrichtungen (Minderheiten- und Gläubigerschutz) grundsätzlich den Anforderungen genügt, die die SE-VO für Europäische Aktiengesellschaften aufstellt[105]. Dieses Ergebnis gilt zumindest für eine dualistisch verfasste SE[106].

Allerdings stellt sich für das deutsche Recht des faktischen Konzerns die Frage, wie sich bei der SE die Wahl einer monistischen Leitungsstruktur auswirkt. Das bisherige deutsche Konzernrecht trennt gemäß der vorgegebenen dualistischen Organisationsstruktur zwischen Vor-

---

[103] Hommelhoff, AG 2003, S. 179, 183.
[104] Hommelhoff, AG 2003, S. 179, 183.
[105] Hommelhoff, AG 2003, S. 179, 183.
[106] Maul in: Theisen/Wenz, Die Europäische Aktiengesellschaft, S. 399, 418.

stand und Aufsichtsrat. Im faktischen Konzern erstellt der Vorstand den Abhängigkeitsbericht; der Aufsichtsrat überprüft ihn. Streng genommen lässt sich dieses Prinzip in einer monistischen Struktur nicht fortsetzen, weil Geschäftsführende und Überwachende das identische Organ darstellen[107]. Überwachende und leitende Aufgaben lassen sich allerdings auch in einem Einheitsorgan zusammenführen. Dies geschieht in Art. 1 § 22 Abs. 1 SEEG, der dem Verwaltungsrat sowohl leitende als auch überwachende Tätigkeiten zuweist. Dabei orientiert sich diese Vorschrift am französischen Code de commerce (Artikel L. 225-35). Es soll mit den genannten SEEG-Vorschriften klargestellt werden, dass die Aufgaben des Verwaltungsrats im monistischen System weiter reichen als diejenigen des Aufsichtsrats im dualistischen Modell[108]. Innerhalb des Verwaltungsrats können Aufgabenbereiche funktional getrennt werden. So ließe sich etwa die Berichtserstellung durch den geschäftsführenden Direktor (anstelle des Vorstands im dualistischen System) nach § 312 AktG und die Überprüfung durch andere Personen im Verwaltungsrat oder durch beauftragte Sachverständige (anstelle des Aufsichtsrats im dualistischen System) nach § 314 AktG bewerkstelligen. Voraussetzung für das Gelingen einer monistischen Struktur ist also – wie in Frankreich – eine arbeitsteilige Funktionsaufteilung zwischen geschäftsführenden und nicht geschäftsführenden Mitgliedern[109]. Insgesamt lässt sich damit feststellen, dass das Berichts- und Prüfsystem im faktischen Konzern nach §§ 312 ff. AktG sich mit den Vorgaben der SE-VO verträgt, und zwar unabhängig von der gewählten Organisationsstruktur.

Das Institut „Finanzen und Steuern" teilt dagegen nicht die Bedenken, die in der Literatur gegenüber dem Nachteilszufügungsrecht der herrschenden Gesellschaft nach § 311 AktG geltend gemacht werden. Zum einen trifft die SE-VO keine klare Aussage zu der Zulässigkeit

---

[107] Teichmann, ZGR 2002, S. 383, 444. Maul, Die faktisch abhängige SE (Societas Europaea) im Schnittpunkt zwischen deutschem und europäischem Recht, S. 162, kommt deshalb zu dem Ergebnis, dass die Modelle des monistischen System (arbeitsteiliges Modell, Einheitsmodell) sich nicht mit dem Schutzmodell der §§ 311 ff. AktG vereinbaren lassen.

[108] BT-Drucks. 15/3405, S. 36 (Begründung).

[109] Dies empfiehlt auch Maul in: Theisen/Wenz, Die Europäische Aktiengesellschaft, S. 399, 432, die von einer Inkompatibilität zwischen dem Grundmodell des monistischen Systems und den §§ 311 ff. AktG ausgeht.

oder Unzulässigkeit von nachteiligen Maßnahmen, so dass davon ausgegangen werden muss, dass den Mitgliedstaaten ein Freiraum bei der Ausgestaltung der Rechtsbeziehungen zwischen herrschenden und abhängigen Gesellschaften zusteht. Zum anderen wird im deutschen Recht die abhängige Gesellschaft nicht schutzlos gestellt, denn ein von ihr erlittener Nachteil muss ausgeglichen werden. Kommt die herrschende Gesellschaft dieser Pflicht nicht nach, kann sie nach § 317 AktG haftbar gemacht werden.

III. Fazit

Die deutschen aktienrechtlichen Regelungen des Vertragskonzerns und des faktischen Konzerns sind mit den Vorgaben der SE-VO kompatibel. Lediglich beim Eingliederungskonzern muss der Gesetzgeber noch sicherstellen, dass nicht nur deutsche Aktiengesellschaften, sondern auch die SE diese Konzernform wählen können.

Mitgliedstaaten, die das monistische Führungssystem nicht kennen, können auf der Grundlage des Art. 43 Abs. 4 SE-VO diesbezügliche ergänzende Regelungen treffen. Die Schutzvorschriften des deutschen AktG sind auf eine dualistische Unternehmensstruktur zugeschnitten. Die Einfügung des Schutzsystems der §§ 312 ff. AktG in eine monistische Unternehmensstruktur erfordert innerhalb des SE-Verwaltungsorgans eine Trennung zwischen geschäftsführenden und nicht geschäftsführenden Organmitgliedern[110]. Hierzu bestehen verschiedene Möglichkeiten, für die einzelne ausländische Regelungen Modell stehen könnten[111]:

- Die Funktionstrennung könnte sich zum einen an der anglo-amerikanischen Aufteilung zwischen „inside" und „outside directors" orientieren. Die „inside (executive) directors" sind Angestellte des Unternehmens, während die „outside (non-executive) directors" von dem von ihnen mitgeführten Unternehmen unabhängig sind.
- Zum anderen könnte das präventive französischen oder belgische Schutzsystem zum Vorbild genommen werden. Nach

---

[110] Teichmann, ZGR 2002, S. 383, 444 ff.

[111] Teichmann in: Theisen/Wenz, Die Europäische Aktiengesellschaft, S. 573, 604.

französischem und belgischem Konzernrecht muss das Verwaltungsorgan vorab den Verträgen zwischen bedeutenden Aktionären und der Gesellschaft zustimmen[112].

Nach Art. 1 § 22 Abs. 1 SEEG leitet der Verwaltungsrat die Gesellschaft, bestimmt die Grundlinien ihrer Tätigkeit und überwacht deren Umsetzung. Das SEEG orientiert sich dabei am französischen Vorbild des Code de commerce. Nach Art. 1 § 22 Abs. 3 und 4 SEEG wird ein Berichts- und Prüfsystem im Sinne der §§ 312 ff. AktG in das monistische System übertragen.

Teil II: Steuerrechtliche Grundfragen der SE
A.   Körperschaftsteuerliche Belastungsunterschiede in der EU und ihre Auswirkungen auf die Behandlung der SE
I.   Harmonisierungsdefizite

Es fehlt in der EU bei den direkten Steuern ein auf Einheitlichkeit abzielendes, zwischen den Mitgliedstaaten aufeinander abgestimmtes Besteuerungssystem. Sowohl die Steuersätze als auch die Vorschriften über die steuerliche Gewinnermittlung und das Körperschaftsteuersystem sind unterschiedlich[113]. Als Folge ergeben sich erhebliche Steuerbelastungsunterschiede, die Standortverlagerungen und Wettbewerbsverzerrungen bewirken können.

Im Gegensatz zu den indirekten Steuern, deren Harmonisierung unter den Voraussetzungen des Art. 93 EGV vom Rat durch Rechtsvorschriften vorangetrieben werden kann und im Falle der Mehrwertsteuer auch schon vollzogen ist, gibt es in der EU keinen konkreten auf die direkten Steuern bezogenen Harmonisierungsauftrag. Lediglich nach den allgemeinen Regeln der Art. 94 ff. EGV können Rechtsvorschriften in der EU angeglichen werden und dies auch nur dann, wenn die zur Angleichung vorgesehenen Normen sich unmittelbar auf die Errichtung oder das Funktionieren des Gemeinsamen Markts auswirken. Aber auch von dieser Möglichkeit wurde nur in sehr bescheidenem

---

[112]   Teichmann in: Theisen/Wenz, Die Europäische Aktiengesellschaft, S. 573, 607; Hommelhoff, AG 2003, S. 179, 184.
[113]   Thömmes in: Theisen/Wenz, Die Europäische Aktiengesellschaft, S. 465, 474.

Maße Gebrauch gemacht. Die Mitgliedstaaten handelten bei den direkten Steuern bislang vornehmlich nach dem Prinzip „The power to tax is the power to govern". Insbesondere sträubten sie sich insoweit gegen Mehrheitsentscheidungen, weil sie ihre Besteuerungshoheit als Kernelement staatlicher Souveränität betrachten. Es ist daher kein Zufall, dass im EG-Vertrag eine ausdrückliche Kompetenz der Europäischen Gemeinschaft, die direkten Steuern zu harmonisieren, fehlt[114].

Gegenwärtig erzwingt keine supranationale Vorgabe eine Vereinheitlichung der Ertragsbesteuerungssysteme in der EU. Insbesondere ist es kein erklärtes Anliegen der Europäischen Kommission, die Steuersätze zu harmonisieren. Die Steuersatzhoheit der Mitgliedstaaten soll im Hinblick auf den Grundsatz der Territorialität der Besteuerung und den Souveränitätsvorbehalt der Mitgliedstaaten unberührt bleiben. Dagegen tritt die Kommission bei grenzüberschreitend tätigen Unternehmen für eine einheitliche konsolidierte Körperschaftsteuerbemessungsgrundlage mit einer Gewinnaufteilung zwischen den Mitgliedstaaten ein[115]. Die einheitliche Bemessungsgrundlage soll helfen, Hindernisse für das grenzüberschreitende Wirtschaften von Unternehmen abzubauen[116]. Die Unternehmensbesteuerungssysteme würden auf diese Weise wirksamer, einfacher und transparenter werden. Das Einkommen grenzüberschreitender Konzerne ließe sich anhand eines einzigen Regelwerks berechnen.

Vorstellbar ist danach eine Konzernbesteuerung in der EU mit Konsolidierung aller Steuerbemessungsgrundlagen der Konzerngesellschaften (unabhängig davon, in welchem Staat sich die Gesellschaften befinden) in der Weise, dass entweder die einheitliche Steuerbemes-

---

[114] Birk, FR 2005, S. 121.

[115] „Ein Binnenmarkt ohne steuerliche Hindernisse – Strategie zur Schaffung einer konsolidierten Körperschaftsteuer-Bemessungsgrundlage für die grenzüberschreitende Unternehmenstätigkeit in der Europäischen Union", Mitteilung der Kommission v. 23.10.2001, KOM (2001) 582 endg.; Non-Paper der Kommission vom 7.7.2004 für die informelle Tagung des Rates „Wirtschaft und Finanzen" am 10. und 11.9.2004.

[116] Vgl. zur konsolidierten einheitlichen Bemessungsgrundlage: IFSt-Schrift Nr. 404, Europäische Steuerpolitik für mehr Wachstumseffizienz, S. 54 ff, Verfasser: Menck und Mutén.

sungsgrundlage nach europäischen Regeln oder nach dem Recht des Staats, in dem die Konzernmutter ansässig ist, ermittelt wird. In einem ersten Schritt würden die Konzerngesellschaften ihre Gewinne nach einheitlichen Regeln separat ermitteln. Die Einzelgewinne würden in einem zweiten Schritt zu einem konsolidierten Ergebnis zusammengefasst. Als letzte Maßnahme wäre der konsolidierte Gesamterfolg mittels Schlüsselgrößen wie Lohnsumme, Umsatz und Vermögen auf die Konzerngesellschaften in den einzelnen Mitgliedstaaten aufzuteilen. Auf ihren Anteil an der Steuerbemessungsgrundlage könnten die Mitgliedstaaten sodann ihren jeweiligen nationalen Steuersatz anwenden. In einzelnen Bundesstaaten der USA gibt es bereits ein ähnliches Konzept für die Aufteilung der Körperschaftsgewinne auf die beteiligten Bundesstaaten[117].

Die nationale Steuersatzhoheit, die grundsätzlich erhalten bleiben soll, führt wegen erheblicher Unterschiede innerhalb der EU zu steuerlichen Standortvorteilen gering besteuernder Staaten, die Anlass zu Sitzverlegungen geben könnten. Daher überrascht es nicht, dass der Ruf nach EU-weiten Mindeststeuersätzen immer lauter wird[118]. So hat etwa Belgien einen allgemeinen Körperschaftsteuersatz von 33 % zuzüglich 3 % Krisenzuschlagsteuer, während in Irland gegenwärtig nur ein Körperschaftsteuersatz von 12,5 % gilt. Den Rekord hält seit 2005 Zypern mit einem Steuersatz von 10 %. Insbesondere die neuen osteuropäischen EU-Länder haben sehr niedrige Körperschaftsteuersätze. So besteuert etwa Estland nur ausgeschüttete Gewinne (und zwar gegenwärtig mit 24 %, wobei aber der Körperschaftsteuersatz bis 2007

---

[117] Speziell Einwände werden gegen die Einführung einer EU-einheitlichen, konsolidierten Körperschaftsteuerbemessungsgrundlage für die SE geltend gemacht. Nach einer Studie der Deloitte-EU-Steuergruppe, die am 16.9.2004 die Generaldirektion „Steuern und Zollunion" der Europäischen Kommission veröffentlicht hat, sei ein besonderes EU-Steuerregime ausschließlich für die SE höchstwahrscheinlich diskriminierend. Vergleichbare Unternehmensformen würden verschieden behandelt, je nachdem, ob diese national oder international tätig würden. Zudem wäre ein solcher aus dem EG-Recht resultierender Vorteil, der der SE Steuerersparnisse verschaffte, eine EG-rechtswidrige Beihilfe (IWB 19/2004 -906-, Aktuell).

[118] Vgl. zu den Nachteilen von Mindeststeuersätzen, der Harmonisierung von Steuersätzen generell sowie zu den positiven und negativen Auswirkungen des Steuerwettbewerbs aus ökonomischer Sicht: IFSt-Schrift Nr. 422, Internationaler Steuerwettbewerb – Vorteile und Gefahren –, Bearbeiter: Esser.

auf 20 % gesenkt werden soll), und Polen (19 %), Slowakei (19 %), Ungarn (16 %), Lettland (15 %) und Litauen (15 %, 13 % für Klein-Unternehmer) locken mit generell niedrigen Körperschaftsteuersätzen. Lediglich Tschechien fällt mit 26 % geringfügig aus dem Rahmen. Allerdings soll dieser Körperschaftsteuersatz im Jahre 2006 auf 24 % gesenkt werden[119]. Österreich hat auf die niedrigen Steuersätze der osteuropäischen Länder bereits reagiert und hat ab 2005 seinen bisherigen Körperschaftsteuersatz von 34 % auf 25 % gesenkt.

Schließlich lässt sich auch bei den gegenwärtigen Körperschaftsteuersystemen, was das Zusammenspiel mit der einkommensteuerlichen Behandlung von Dividenden anbetrifft, keine einheitliche Tendenz beobachten. Die Körperschaftsteuersysteme lassen sich in drei Gruppen einteilen, und zwar in die klassischen Systeme mit „wirtschaftlicher Doppelbelastung", die Doppelbesteuerung mildernde und die Doppelbesteuerung vermeidende Systeme. Irland praktiziert ein klassisches System der „wirtschaftlichen Doppelbelastung" ohne Einschränkungen. Die Mehrzahl der EU-Staaten bevorzugt Systeme, die die Doppelbesteuerung mildern (hauptsächlich Shareholder-Relief-Verfahren), so z.B. Belgien, Dänemark, Deutschland, Großbritannien, Litauen, Luxemburg und die Niederlande. Spanien kennt eine Teilanrechnung beim Anteilseigner. Wenige Staaten vermeiden die Doppelbesteuerung gänzlich, entweder durch eine Nichtbesteuerung thesaurierter Gewinne, gekoppelt mit einer auf Gesellschafterebene bestehenden Freistellung von ESt bei Gewinnausschüttungen (Estland) oder durch eine Vollanrechnung (z.B. Malta) oder schließlich durch eine Freistellung der Dividenden ohne gespaltenen Körperschaftsteuersatz (z.B. Griechenland, Lettland und Slowakei)[120]. An der Heterogenität der Körperschaftsteuersysteme ändert sich auch nichts durch die neue Rechtsform der SE.

II.   Chancen einer Steuerharmonisierung

Die Vielfalt der existierenden Steuersysteme dokumentiert, wie weit Europa von einer Harmonisierung der direkten Steuern entfernt ist.

---

[119]   Spengel, IStR 2004, S. 615, 622 f.
[120]   Spengel, IStR 2004, S. 615 f.

46

Die Chance einer baldigen Einigung ist gering. Richtlinienvorschläge der Kommission, die eine Harmonisierung der Vorschriften auf dem Gebiet der direkten Steuern bezwecken, können zurzeit nach Art 94 EGV nur dann EG-Recht werden, wenn die Mitgliedstaaten ihnen einstimmig zustimmen. Allerdings könnte sich die SE vielleicht zum als Katalysator entwickeln, der Harmonisierungsbestrebungen bei den Ertragssteuern in der EU vorantreibt.

Bislang ist noch kein überzeugender Durchbruch auf dem Gebiet der Harmonisierung von direkten Steuern erzielt worden. Insgesamt sind erst fünf Richtlinien ergangen:

- die „EG-Amtshilfe-Richtlinie" von 1976, die 1994 und 2003 geändert wurde[121] und nur Verfahrensrecht enthält,
- die Mutter-Tochter-Richtlinie von 1990, die zuletzt 2003 geändert wurde[122],
- die Richtlinie über Zinsen und Lizenzgebühren zwischen verbundenen Unternehmen von 2003[123]
- die Zinsrichtlinie von 2003[124] und
- die Fusionsrichtlinie (FRL) von 1990, die zuletzt 2005 geändert wurde[125].

---

[121] Richtlinie 2003/93/EG des Rates v. 7.10.2003 zur Änderung der Richtlinie 77/799/EWG über die gegenseitige Amtshilfe zwischen den zuständigen Behörden der Mitgliedstaaten im Bereich der direkten und indirekten Steuern, ABl. EU L 264 v. 15.10.2003, S. 23.

[122] Richtlinie 2003/123/EG des Rates v. 22.12.2003 zur Änderung der Richtlinie 90/435/EWG über das gemeinsame Steuersystem der Mutter- und Tochtergesellschaften verschiedener Mitgliedstaaten, ABl. EU L 7 v. 13.1.2004, S. 41. Vgl. zur Anwendbarkeit der Richtlinie auf die Beitrittsstaaten Tschechien, Estland, Zypern, Lettland, Litauen, Ungarn, Malta, Polen, Slowenien und Slowakei: BMF, Schr. v. 29.6.2004, BStBl. I 2004, S. 579 ff. Für Estland gilt eine Übergangsregelung: Estland darf abweichend von Art. 5 Abs. 1 der Mutter-Tochter-Richtlinie, solange es Einkommensteuer auf ausgeschüttete Gewinne erhebt, ohne nichtausgeschüttete Gewinne zu besteuern, bis spätestens 31.12. 2008 diese Steuer auf die von estnischen Tochtergesellschaften an ihre in anderen Mitgliedstaaten ansässigen Muttergesellschaften ausgeschütteten Gewinne weiter erheben.

[123] Richtlinie 2003/49/EG des Rates v. 3.6.2003 über eine gemeinsame Steuerregelung für Zahlungen von Zinsen und Lizenzgebühren zwischen verbundenen Unternehmen verschiedener Mitgliedstaaten, ABl. EU L 157 v. 26.6.2003, S. 49.

[124] Richtlinie 2003/48/EG des Rates v. 3.6.2003 im Bereich der Besteuerung von Zinserträgen, ABl. EU L 157 v. 26.6.2003, S. 38.

Ferner wurde 1990 ein multilaterales Abkommen zur Einführung eines EG-Schiedsverfahrens geschlossen[126].

Wichtig ist auch die handelsrechtliche Verschmelzungsrichtlinie von 1978 für nationale Fusionen[127], auf die in der Fusionsrichtlinie Bezug genommen wird.

Wesentliche Vorhaben sind gescheitert bzw. liegen noch beim Rat:

- Richtlinienvorschläge des Rats von 1975 zur Harmonisierung der Körperschaftsteuersysteme und von 1990 zur Regelung der Quellensteuer auf Dividenden[128] wurden von der Kommission zurückgezogen.
- Ein Vorschlag für eine Richtlinie über den grenzübergreifenden Verlustausgleich[129] liegt noch beim Rat.
- Ein 1988 erarbeiteter Vorentwurf einer Gewinnermittlungsrichtlinie wurde noch nicht einmal dem Rat offiziell vorgelegt[130].

In den 90er Jahren des vorherigen Jahrhunderts wurden etliche Maßnahmen vorgeschlagen, die darauf abzielten, bestehende Richtlinien

---

[125] Richtlinie 2005/19/EG des Rates v. 17.2.2005 zur Änderung der Richtlinie 90/434/EWG über das gemeinsame Steuersystem für Fusionen, Spaltungen, die Einbringung von Unternehmensteilen und den Austausch von Anteilen, die Gesellschaften verschiedener Mitgliedstaaten betreffen, ABl. EU L 58 v. 4.3.2005, S. 19 ff. Die Änderungen der Fusionsrichtlinie aus dem Jahre 2005 betreffen auch den Titel (vgl. ABl. EU L 58 v. 4.3.2005, S. 19, 21) „Richtlinie 90/434/EWG des Rates vom 23. Juli 1990 über das gemeinsame Steuersystem für Fusionen, Spaltungen, *Abspaltungen*, die Einbringung von Unternehmensteilen und den Austausch von Anteilen, die Gesellschaften verschiedener Mitgliedstaaten betreffen, *sowie für die Verlegung des Sitzes einer Europäischen Gesellschaft oder einer Europäischen Genossenschaft von einem Mitgliedstaat in einen anderen Mitgliedstaat*".

[126] Übereinkommen 90/436/EWG v. 23.7.1990, ABl. EG L 225 v. 20.8.1990, S. 10.

[127] Dritte Richtlinie 78/855/EWG des Rates v. 9.10.1978 gemäß Art. 54 Abs. 3 Buchst. g des Vertrags betr. die Verschmelzung von Aktiengesellschaften, ABl. EG L 295 v. 20.10.1978, S. 36.

[128] Vorschlag einer Richtlinie des Rates zur Harmonisierung der Körperschaftsteuersysteme und der Regelungen der Quellensteuer auf Dividenden v. 1.8.1975, KOM (75) 392 endg., ABl. EG C 253 v. 5.11.1975, S. 2.

[129] KOM (90) 595 endg.

[130] Thömmes in: Theisen/Wenz, Die Europäische Aktiengesellschaft, S. 465, 480.

zu ändern, insbesondere „Steuerhindernisse" zu beseitigen. Letztlich führte jedoch keiner dieser Vorschläge weiter. Auch der 1992 vorgelegte Bericht eines Expertenausschusses unter Leitung des niederländischen Finanzministers Onno Ruding[131], der u.a. eine Angleichung der Körperschaftsteuersätze und einheitliche Gewinnermittlungsvorschriften befürwortete, brachte keinen Harmonisierungserfolg, weil die Mitgliedstaaten die hiermit verbundenen Einschränkungen ihrer nationalen Steuersouveränität nicht hinzunehmen bereit waren. Gegenwärtig ist man deshalb weit von einem „Binnenmarkt ohne steuerliche Hindernisse"[132] entfernt, was sich auch auf die steuerliche Behandlung der seit Oktober 2004 zulässigen Rechtsform der Europäischen Aktiengesellschaft auswirkt.

III. Regelungsdefizit in der SE-Verordnung, andere Rechtsquellen und -materialien

Konkret die SE betreffende Harmonisierungsbestrebungen ließen sich letztlich nicht umfassend verwirklichen. Zu unterschiedlich waren die Vorstellungen der Mitgliedstaaten, als am 8.10.2001 das „Wunder von Nizza" eintrat und die SE-VO doch noch nach Jahrzehnte langen ergebnislosen Verhandlungen verabschiedet wurde. Entgegengesetzt zu den älteren gescheiterten SE-Konzeptionen aus den Jahren 1970, 1975 und 1989 sieht die jetzige Verordnung von einer umfassenden Regelung ab. Die Mehrzahl der Rechtsfragen bleibt der Regelungsgewalt der Mitgliedstaaten vorbehalten. Lediglich in den wichtigsten gesellschaftsrechtlichen Fragen besteht eine einheitliche, für alle Mitgliedsländer geltende gemeinschaftsrechtliche Vorgabe durch die SE-VO.

---

[131] Bericht des unabhängigen Sachverständigenausschusses zur Unternehmensbesteuerung, 1992, BT-Drucks. 13/4138.

[132] Angespielt wird auf die Mitteilung der Kommission an den Rat, das Europäische Parlament und den Wirtschafts- und Sozialausschuss v. 23.10.2001: „Ein Binnenmarkt ohne steuerliche Hindernisse – Strategie zur Schaffung einer konsolidierten Körperschaftsteuer-Bemessungsgrundlage für die grenzüberschreitende Unternehmenstätigkeit in der Europäischen Union", KOM (2001) 582 endg.

Während sich noch im ursprünglichen Entwurf zur SE-VO aus dem Jahre 1970[133] die Artikel 275-281[134] mit der Besteuerung der SE befassten, verringerte sich in der Folgezeit das Regelungsvolumen beträchtlich. In dem 1989 vorgelegten Entwurf[135] regelte nur noch eine einzige Vorschrift (Artikel 133) Steuerfragen, und dies auch nur in Bezug auf Betriebsstättenverluste. Danach konnten entweder „überschießende" Verluste der Betriebsstätten unmittelbar bei der SE berücksichtigt werden oder eine Doppelbesteuerung wurde durch eine Anrechnungsmethode vermieden. In der vorgeschlagenen SE-VO aus dem Jahre 1991[136] ist auch dieser Artikel aufgegeben worden[137].

Die jetzt verabschiedete SE-VO blieb bei der Ausklammerung des Steuerrechts der SE. Sie verweist insoweit in Art. 9 Abs. 1 c ii SE-VO auf das jeweilige nationale Recht des Sitzstaats der SE. Auch der Erwägungsgrund 20 der SE-VO stellt klar, dass das Steuerrecht, das Wettbewerbsrecht, der gewerbliche Rechtsschutz und das Konkursrecht nicht der Regelung der Verordnung unterliegen. Für Deutschland gibt auch das aus neun Artikeln bestehende Gesetz zur Einführung der Europäischen Gesellschaft (SEEG) vom 22.12.2004[138] für die Frage des anwendbaren Steuerrechts nichts her, denn dieses regelt in Artikel 1 nur gesellschaftsrechtliche Fragen und in Artikel 2 nur Fragen der Beteiligung der Arbeitnehmer in einer SE. Auch die weiteren Artikel sind für das Steuerrecht unergiebig[139].

---

[133] Vorschlag einer Verordnung (EWG) des Rates über das Statut für europäische Aktiengesellschaften v. 30.6.1970, ABl. EG C 124 v. 10.10.1970, S. 1.

[134] Im Einzelnen sah der SE-VO-Entwurf von 1970 folgende Regelungen vor: Art. 275: Steuerneutrale Gründung einer Holding-SE durch Aktientausch; Art. 276: Definition des steuerlichen Wohnsitzes als Ort der tatsächlichen Geschäftsleitung; Art. 277: Steuerneutrale Sitzverlegung bei Betriebsstättenverhaftung; Art. 278-280: Verlustverrechnung bei Betriebsstätten; Art. 281: Verlustverrechnung für Tochtergesellschaften.

[135] Vorschlag einer Verordnung (EWG) des Rates über das Statut der Europäischen Aktiengesellschaft v. 25.8.1989, KOM (89) 268 endg.

[136] Geänderter Vorschlag für eine Verordnung (EWG) des Rates über das Statut der Europäischen Aktiengesellschaft v. 16.5.1991, ABl. EG C 176 v. 8.7.1991, S. 1.

[137] Herzig/Griemla, StuW 2002, S. 55, 56.

[138] BGBl. I 2004, S. 3675 ff.

[139] Vgl. die Übersicht über den Inhalt dieses Artikelgesetzes in der Einführung.

Die Antwort auf die Frage nach der steuerlichen Behandlung von Gründung, Sitzverlegung und laufenden Erträgen bzw. Verlusten der SE muss daher außerhalb der SE-VO gesucht werden. Insbesondere die steuerliche Fusionsrichtlinie von 1990, die in Deutschland nicht vollständig in nationales Recht umgesetzt worden ist[140], bietet teilweise Lösungen an. Inzwischen ist auch die SE in den Anwendungsbereich der Richtlinie einbezogen worden, sie ist im Anhang der im Jahre 2005 geänderten Fusionsrichtlinie ausdrücklich als betroffene Gesellschaftsform genannt[141]. Diese Richtlinie zielt darauf ab, die noch bestehenden Hemmnisse für grenzüberschreitende Umstrukturierungen einschließlich der Sitzverlegung in andere Mitgliedstaaten zu beseitigen[142]. Die vom Rat der EU-Finanzminister am 17.2.2005 beschlossene Annahme eines Vorschlags zur Änderung der Fusionsrichtlinie enthält im Einzelnen folgende Änderungen:

- Der zu eng gefasste Anwendungsbereich der Fusionsrichtlinie von 1990 wird neben anderen Gesellschaften auch auf die SE und die SCE (Societas Cooperativa Europaea - Europäische Genossenschaft) ausgedehnt.

---

[140] Die vollständige Umsetzung der Fusionsrichtlinie von 1990 unterblieb in Deutschland, weil nach dem UmwG eine grenzüberschreitende Verschmelzung nicht möglich war. Die ursprünglich 1990 erlassene und 2005 geänderte steuerliche Fusionsrichtlinie setzt aber eine nationale gesellschaftliche Anerkennung der Zulässigkeit einer grenzüberschreitenden Verschmelzung voraus.

[141] Richtlinie 2005/19/EG des Rates v. 17.2.2005 zur Änderung der Richtlinie 90/434/EWG über das gemeinsame Steuersystem für Fusionen, Spaltungen, die Einbringung von Unternehmensteilen und den Austausch von Anteilen, die Gesellschaften verschiedener Mitgliedstaaten betreffen, ABl. EU L 58 v. 4.3.2005, S. 19, 26 Buchst. a.

[142] Maul/Teichmann/Wenz, BB 2003, S. 2633. Bevor die Fusionsrichtlinie geändert worden ist, hat die EU-Kommission eine Studie des International Bureau of Fiscal Documentation (IBFD) in Auftrag gegeben, die den gegenwärtigen Rechtszustand beschreibt. Sie untersucht für jeden Mitgliedstaat die steuerliche Behandlung der Gründungmöglichkeiten und der Sitzverlegung einer SE. Nicht nur Aktiengesellschaften, sondern auch Gesellschaften mit beschränkter Haftung sollen danach grenzüberschreitend verschmolzen werden können. Der zweite Änderungsvorschlag besteht darin, dass die Mitbestimmung der Arbeitnehmer einer Verschmelzung nicht mehr entgegenstehen soll, die Mitbestimmungssysteme verschiedener Länder also grundsätzlich als gleichwertig erachtet werden. Es soll das Mitbestimmungsrecht am Sitz der übernehmenden Gesellschaft gelten.

- Ein neuer Titel IVb regelt die steuerliche Behandlung der Sitzverlegung einer SE oder einer SCE.
- Die Abspaltung wird als weiterer Umstrukturierungsvorgang in Artikel 2 erfasst.
- In Anlehnung an Art. 3 Abs. 1 a der geänderten Mutter-Tochter-Richtlinie vom 22.12.2003 wird in Art. 7 Abs. 2 der Fusionsrichtlinie die Mindestbeteiligungsgrenze für die übernehmende Gesellschaft an der einbringenden Gesellschaft schrittweise von 20 % über 15 % im Jahr 2007 auf 10 % im Jahr 2009 gesenkt.
- Es wird klargestellt, dass Umwandlungen von Zweigniederlassungen in Tochtergesellschaften ebenfalls zum Regelungsgegenstand der Fusionsrichtlinie gehören.

Der Ministerrat lehnte jedoch den Kommissionsvorschlag ab, ausdrücklich zu regeln, dass die Wertsteigerungen der bei grenzübergreifenden Fusionen und Spaltungen ausgetauschten Wertpapiere und Vermögensgegenstände bei der endgültigen Veräußerung keiner Doppelbesteuerung unterworfen werden dürften. Darüber hinaus könnten die Mitgliedstaaten bei steuerlich transparenten Gesellschaften (Art. 10a) entgegen dem Kommissionsvorschlag[143] von den Bestimmungen der Fusionsrichtlinie abweichen.

Soweit jedoch noch keine gemeinschaftsrechtlichen steuerlichen Regelungen für die SE bestehen, gelten die allgemeinen Regelungen des deutschen bzw. ausländischen nationalen Steuerrechts und das Doppelbesteuerungsrecht. Die Mitgliedstaaten müssen die Änderungen der Fusionsrichtlinie, die die SE und die SCE betreffen, bis zum 1.1.2006 und die übrigen Änderungen der Richtlinie vom 17.2.2005 bis zum 1.1.2007 umsetzen[144].

---

[143] IWB 21/2003 -994-, Aktuell, Kommissionsvorschlag zur Änderung der Fusionsrichtlinie (90/434/EWG).
[144] ABl. EU L 58 v. 4.3.2005, S. 19, 25.

B. Besteuerung der SE
I. Steuern bei der Gründung

Die in Art. 2 und 15 ff. SE-VO geregelten Errichtungsformen der SE – Verschmelzung von Aktiengesellschaften zu einer SE, Gründung einer Holding-SE, Gründung einer Tochter-SE und Formwechsel in eine SE – haben als gemeinsame Voraussetzung, dass mindestens zwei der an der Gründung beteiligten Gesellschaften aus verschiedenen EU-Mitgliedstaaten kommen.

Unterschiedlich ist der Kreis der zugelassenen Gründungsgesellschaften. Während an einer durch Verschmelzung entstandenen SE nur Aktiengesellschaften beteiligt sein können, kann an einer Holding-SE auch eine Gesellschaft mit beschränkter Haftung Gründungsgesellschaft sein (Art. 2 Abs. 2 SE-VO i.V.m. Anhang II zur SE-VO). Für eine Tochter-SE sind sogar gemäß Art. 2 Abs. 3 SE-VO als Gründungsgesellschaften Gesellschaften im Sinne des Art. 48 Abs. 2 EGV, d.h. insbesondere Personengesellschaften, zugelassen. Schließlich kann eine bestehende Aktiengesellschaft in eine SE gemäß Art. 2 Abs. 4 SE-VO umgewandelt werden, wenn sie seit mindestens zwei Jahren eine dem Recht eines anderen Mitgliedstaats unterliegende Tochtergesellschaft hat.

1. Grenzüberschreitende Verschmelzung
a) Aufnahme und Neugründung

Bislang fehlten in der Mehrzahl der EU-Mitgliedstaaten Rechtsnormen, die die Zulässigkeit grenzüberschreitender Verschmelzungen ausdrücklich vorsahen. Insbesondere in Deutschland verhindert das Umwandlungsgesetz (§ 1 UmWG: „Rechtsträger mit Sitz im Inland") grenzüberschreitende Fusionen. Allerdings gibt es auch Länder – wie z.B. Spanien und Italien –, die Verschmelzungen über die Staatsgrenzen hinweg erlauben[145].

---

[145] Spanien: Art. 9b Nr. 11 Abs. 2 Código Civil; Italien: Art. 25 Nr. 3 ital. IPR-G; vgl. auch Wenglorz, BB 2004, S. 1061; Dorr/Stukenborg, DB 2003, S. 647.

Für die Entstehung einer SE lassen nunmehr die Art. 2 und 17 SE-VO grenzüberschreitende Verschmelzungen unter den dort genannten Voraussetzungen zu. Gemäß Art. 2 Abs. 1 SE-VO können Aktiengesellschaften im Sinne des Anhangs I (also keine GmbH`s), die nach dem Recht eines Mitgliedstaats gegründet worden sind und ihren Sitz sowie ihre Hauptverwaltung in der EU haben, eine SE durch Verschmelzung gründen, sofern mindestens zwei von ihnen dem Recht verschiedener Mitgliedstaaten unterliegen.

In Anlehnung an Art. 3 Abs. 1 und 4 Abs. 1 der Verschmelzungsrichtlinie bestehen zwei Möglichkeiten, eine SE durch Verschmelzung zu gründen, und zwar durch Neugründung oder durch Aufnahme[146]. Bei der Verschmelzung durch Aufnahme übernimmt eine Aktiengesellschaft das gesamte Aktiv- und Passivvermögen der übertragenden Aktiengesellschaft (Gesamtrechtsachfolge) und nimmt die Rechtsform der SE an. Mit der Verschmelzung erlischt die übertragende Gesellschaft. Damit verlieren die Gesellschafter der übertragenden Gesellschaft ihre Anteile an der übertragenden Gesellschaft und werden stattdessen Aktionäre der SE (Art. 17 Abs. 2 a, 29 Abs. 1 SE-VO i.V.m. Art. 3 Abs. 1 der Verschmelzungsrichtlinie). Bei der Verschmelzung durch Neugründung geht das gesamte Aktiv- und Passivvermögen der sich verschmelzenden Gesellschaften auf eine neu entstehende SE über (Gesamtrechtsnachfolge). Die sich verschmelzenden Gesellschaften erlöschen und ihre Gesellschafter werden Aktionäre der SE (Art. 17 Abs. 2 b, 29 Abs. 2 SE-VO i.V.m. Art. 4 Abs. 1 der Verschmelzungsrichtlinie).

b) Divergenz zwischen UmwG bzw. UmwStG und dem Gemeinschaftsrecht

Die nach der SE-VO mögliche grenzüberschreitende Fusion von Unternehmen ist bislang im deutschen Gesellschaftsrecht nicht vorgesehen. Nach § 1 Abs. 1 UmwG können nur Rechtsträger mit Sitz im Inland umgewandelt werden. Fusionen mit ausländischen Gesellschaften sind daher bisher unzulässig[147]. Als Alternative zu Gesamtrechts-

---

[146] Herzig/Griemla, StuW 2002, S. 55, 57.
[147] Herzig/Griemla, StuW 2002, S. 55, 62.

nachfolgen kommen insoweit nur grenzüberschreitende Einzelrechts-
nachfolgen in Betracht, bei denen eine Gesellschaft ihren Betrieb oder
Anteile einbringt und anschließend die einbringende Gesellschaft liquidiert wird[148].

Die Unzulässigkeit grenzüberschreitender Fusionen nach deutschem
Recht ist gemeinschaftsrechtlich nicht unproblematisch[149] und darüber
hinaus auch nicht zeitgemäß. § 1 Abs. 1 Nr. 1 UmwG ist Gegenstand
eines Vorlagebeschlusses des Landgerichts Koblenz vom 16.9.2003
an den EuGH[150]. Darin geht es um die Hereinverschmelzung einer
luxemburgischen Gesellschaft auf eine deutsche AG. Im Streitfall
verweigerte das Amtsgericht in Deutschland die Eintragung der Verschmelzung ins Handelsregister gemäß den §§ 16 ff. UmwG, weil § 1
Abs. 1 Nr. 1 UmwG nur Verschmelzungen von inländischen Rechtsträgern vorsehe. Damit folgte das Amtsgericht der vorherrschenden
Meinung im Schrifttum, die die grenzüberschreitende Fusion zivilrechtlich als unzulässig erachtet. Unabhängig davon, ob man dieser
Meinung folgt[151], begegnen jedenfalls die umwandlungsgesetzlichen
Bestimmungen, die eine Begrenzung auf Inlandsfälle vorsehen, Bedenken im Hinblick auf die Niederlassungsfreiheit der Gesellschaften
nach Art. 43 i.V.m. 48 EGV.

Sollte der EuGH die Niederlassungsfreiheit nach Art. 43 i.V.m. Art.
48 EGV durch § 1 Abs. 1 Nr. 1 UmwG als verletzt ansehen, hätte die
Entscheidung auch Konsequenzen für das Steuerrecht. Denn § 1 Abs.
1 UmwStG orientiert sich an den Umwandlungen i.S.d. § 1 UmwG,
und § 1 Abs. 5 UmwStG stellt ausdrücklich klar, dass die Absätze 1
bis 4 UmwStG nur für Körperschaften gelten, die nach § 1 KStG unbeschränkt steuerpflichtig sind. Da gegenwärtig nach herrschender

---

[148] Schulz/Petersen, DStR 2002, S. 1508, 1509.
[149] Die Inlandsbeschränkung des UmwG und des UmwStG wird im Schrifttum
für europarechtwidrig gehalten, vgl. etwa Blumers/Kinzl, BB 2005, S. 971
m.w.N.
[150] LG Koblenz, Vorlagebeschl. v. 16.9.2003, 4 HK.T 1/03, IStR 2003, S. 736.
[151] Vgl. zum Meinungsspektrum bei der Auslegung des § 1 Abs. 1 UmwG: LG
Koblenz, Vorlagebeschl. v. 16.9.2003, 4 HK.T 1/03, IStR 2003, S. 736.

Meinung[152] grenzüberschreitende Fusionen zivilrechtlich noch als unzulässig eingestuft werden, schuf der Steuergesetzgeber auch keine spezielle Steuervorschrift für Verschmelzungen mit Beteiligung ausländischer Gesellschaften.

Auf EU-Ebene gab es bis zum Inkrafttreten der SE-VO keine Rechtsgrundlage für die zivilrechtliche Zulässigkeit einer grenzüberschreitenden Verschmelzung. Der Vorschlag einer 10. gesellschaftsrechtlichen Richtlinie, der eine solche Rechtsgrundlage geschaffen hätte, wurde vom Rat nicht angenommen[153]. Nunmehr sollte der deutsche Gesetzgeber die gemeinschaftsrechtlich für die SE anerkannte Zulässigkeit einer grenzüberschreitenden Fusion zum Anlass nehmen, generell für jede Gesellschaftsform grenzüberschreitende Verschmelzungen gesellschafts- und steuerrechtlich durch entsprechende Änderungen der §§ 1 Abs. 1 Nr. 5 und 16 ff. UmwG sowie des § 1 Abs. 1 und 5 UmwStG anzuerkennen.

c)   Steuerfragen der Verschmelzungs-SE nach geltendem Recht und nach der Fusionsrichtlinie
aa)   Steuerneutrale Verschmelzung nach der Fusionsrichtlinie

Die Fusionsrichtlinie[154] ermöglicht steuerneutrale grenzüberschreitende Verschmelzungen unter den Voraussetzungen der Art. 4 ff. FRL.

---

[152] Großfeld, AG 1996, S. 302 ff.; Schaumburg, GmbHR 1996, S. 501 f.; Herzig/Griemla, StuW 2002, S. 55, 62; Bermel in: Goutier/Knopf/Tulloch, Kommentar zum Umwandlungsrecht, § 1 UmwG Rz. 8.

[153] Vorschlag für eine 10. Richtlinie des Rates der EG über die grenzüberschreitende Verschmelzung von Aktiengesellschaften, ABl. EG C 23 v. 25.1.1985, S. 11. Der Grund für die Schwierigkeiten einer EU-weiten Anerkennung grenzüberschreitender Fusionen lag in deutschen Bedenken, solche Fusionen könnten zur „Flucht aus der Mitbestimmung" genutzt werden. Für die SE kann nunmehr festgestellt werden, dass diese Lücke mit der Richtlinie v. 8.10.2001 zur Ergänzung des Statuts der Europäischen Gesellschaft hinsichtlich der Beteiligung der Arbeitnehmer geschlossen worden ist.

[154] In der Fassung der Richtlinie 2005/19/EG des Rates v. 17.2.2005 zur Änderung der Fusionsrichtlinie v.23.7.1990 (ABl. EU L 58 v. 4.3.2005, S. 19). Die neue Richtlinie hat nicht nur den Anwendungsbereich auf die SE und SCE ausgedehnt, sondern sie erfasst auch als weitere Maßnahme die Abspaltung. Dementsprechend lautet der Titel der Fusionsrichtlinie jetzt: „Richtlinie 90/434/EWG

(1)   Anwendungsbereich

Die Fusionsrichtlinie gilt nicht für rein nationale Fusionen. Vielmehr müssen Gesellschaften aus zwei oder mehr Mitgliedstaaten an einer Fusion, Spaltung, Einbringung von Unternehmensteilen oder dem Austausch von Anteilen beteiligt sein. Bei der SE ist dieses Kriterium erfüllt. Im Rahmen der Änderung der Fusionsrichtlinie ist daher am 17.2.2005 auch die SE in die abschließende Liste der von dieser Richtlinie erfassten Gesellschaftstypen unter Buchstabe a aufgenommen worden[155].

(2)   Prinzipien und Inhalte
(a)   Besteuerungsaufschub und Betriebsstättenprinzip

Die Fusionsrichtlinie regelt ertragsteuerliche Konsequenzen von grenzüberschreitenden Fusionen, Spaltungen, Abspaltungen, Einbringungen von Unternehmensteilen und Austauschen von Anteilen sowie von grenzüberschreitenden Sitzverlegungen Europäischer Aktiengesellschaften und Genossenschaften, nicht aber Fragen der Auslösung von Verkehrssteuern (z.B. GrESt) im Zusammenhang mit solchen Umstrukturierungen.

Bei einer grenzüberschreitenden Fusion im Sinne dieser Richtlinie wechselt das Vermögen der übertragenden Gesellschaft ohne Liquidation zur entstehenden SE. Die übertragende Gesellschaft erlischt, verliert also ihre Eigenschaft als Rechtsträger und Steuersubjekt. Damit droht dem Staat der Verlust von Steuereinnahmen, soweit bei der übertragenden Gesellschaft stille Reserven vorhanden waren.

---

des Rates von 23. Juli 1990 über das gemeinsame Steuersystem für Fusionen, Spaltungen, Abspaltungen, die Einbringung von Unternehmensteilen und den Austausch von Anteilen, die Gesellschaften verschiedener Mitgliedstaaten betreffen, sowie für die Verlegung des Sitzes einer Europäischen Gesellschaft oder einer Europäischen Genossenschaft von einem Mitgliedstaat in einen anderen Mitgliedstaat", ABl. EU L 58 v. 4.3.2005; S. 19, 21.

[155] ABl. EU L 58 v. 4.3.2005, S. 19, 26.

Dieser Gefahr begegnet die Fusionsrichtlinie, indem sie zwar unter bestimmten Voraussetzungen die Steuerneutralität der Umstrukturierungen akzeptiert, andererseits aber auch die fiskalischen Interessen der Mitgliedstaaten der übertragenden Gesellschaften nicht vernachlässigt[156]. Zu diesem Zweck wird die Besteuerung des Wertzuwachses eingebrachter Vermögenswerte bis zu deren tatsächlicher Realisierung aufgeschoben[157], wenn sichergestellt ist, dass die Besteuerungsansprüche der Mitgliedstaaten der übertragenden Gesellschaften durch die Umwandlung nicht verloren gehen[158]. Umgesetzt wird dieses Konzept in Artikel 4 FRL. Danach werden die stillen Reserven im Zeitpunkt der Umwandlung nicht versteuert. Sie müssen allerdings in einer zurückbleibenden Betriebsstätte im Sitzstaat der übertragenden Gesellschaft steuerverhaftet bleiben. Der Begriff der Betriebsstätte wird in der Fusionsrichtlinie nicht definiert. Nach h.M. ist damit der abkommensrechtliche Betriebsstättenbegriff gemeint. So wird sichergestellt, dass der betroffene Mitgliedstaat als Quellenstaat sein Besteuerungsrecht später ausüben darf (Art. 7 Abs. 1, 13 Abs. 2 OECD-MA)[159]. Wird also das Betriebsvermögen der untergehenden Gesellschaft in einer Betriebstätte im Staat der entstehenden SE zu Buchwerten fortgeführt, ist ein staatlicher Steuerzugriff erst bei Gewinnrealisierung legitimiert, d.h. z.B. dann, wenn die durch die Fusion übertragenen Wirtschaftsgüter an Dritte veräußert, die jeweiligen Betriebsstätten der übertragenden Gesellschaften aufgelöst oder die aufnehmenden Gesellschaften liquidiert werden (Nachversteuerung).

Allerdings ist die Fusionsrichtlinie im Hinblick auf das Betriebsstättenprinzip[160] nicht völlig unproblematisch. Nach der Richtlinie muss der Wegzugsstaat auf die Besteuerung nur der Wertzuwächse derjenigen Wirtschaftsgüter verzichten, die nach dem Wegzug noch in einer

---

156 Erwägungsgrund 2 der geänderten Fusionsrichtlinie v. 17.2.2005; vgl. ferner Thömmes in: Theisen/Wenz, Die Europäische Aktiengesellschaft, S. 465, 489; Herzig/Griemla, StuW 2002, S. 55, 59; Maul/Teichmann/Wenz, BB 2003, S. 2633, 2640.

157 Jahn/Herfs-Röttgen, DB 2001, S. 631, 636; Kenter/Brendt, IWB 2004, Gruppe 2, S. 621, 622; Knobbe-Keuk, DB 1991, S. 298, 299.

158 Herzig/Griemla, StuW 2002, S. 55, 59.

159 Kessler/Huck/Obser/Schmalz, DStZ 2004, S. 855, 859 m.w.N.

160 Vgl. zum Betriebsstättenprinzip: IFSt-Schrift Nr. 405, Internationale Doppelbesteuerung – Ursachen und Lösungen –, S. 41 f., Bearbeiter: Krause.

inländischen Betriebsstätte steuerverhaftet bleiben. Demgegenüber lässt sich aus der Rechtsprechung des EuGH[161] ableiten, dass auch für solche Wirtschaftsgüter ein Besteuerungsverzicht gemeinschaftsrechtlich geboten ist, die im Rahmen der Sitzverlegung dem Zugriff des inländischen Fiskus entzogen werden[162].

(b) Voraussetzungen einer steuerneutralen Verschmelzung nach Art. 4 FRL

Art. 4 FRL ermöglicht nur unter drei Bedingungen eine steuerneutrale Buchwertfortführung. Das Aktiv- und Passivvermögen der übertragenden (= einbringenden) Gesellschaft muss nach der Fusion

- tatsächlich einer Betriebsstätte der übernehmenden Gesellschaft im Staat der übertragenden Gesellschaft zugerechnet werden können (Betriebsstättenbedingung) und
- zur Erzielung des steuerlich zu berücksichtigenden Ergebnisses dieser Betriebsstätte beitragen (Steuerverhaftungsbedingung).
- Außerdem muss die übernehmende Gesellschaft die neuen Abschreibungen und späteren Wertsteigerungen oder Wertminderungen des übertragenen Vermögens so berechnen, wie die übertragende Gesellschaft sie ohne die Fusion berechnet hätte (Fiktionsklausel).

(aa) Betriebsstättenbedingung

Mangels Erläuterung des Begriffs der Betriebsstätte in der Fusionsrichtlinie gilt der Betriebstättenbegriff in dem DBA mit dem jeweiligen Mitgliedstaat[163]. Die Betriebsstättenbedingung soll sicherstellen, dass Wirtschaftsgüter, für die ein Steueraufschub vorgesehen ist, noch unter der Steuerhoheit des Staats der übertragenden Gesellschaft verbleiben[164].

---

[161] Zuletzt „Hughes de Lasteyrie du Saillant", EuGH, Urt. v. 11.3.2004, Rs. C-9/02, GmbHR 2004, 504.
[162] Schön, IStR 2004, S. 289, 297.
[163] Rödder, DStR 2005, S. 893, 894.
[164] Herzig/Griemla, StuW 2002, S. 55, 62.

Die im Staat der übertragenden Gesellschaft verbleibenden Wirtschaftsgüter sind im Regelfall Bestandteil einer steuerlichen Betriebsstätte der aufnehmenden Gesellschaft. Für diesen Regelfall ist somit die Bedingung für die Steuerneutralität der Verschmelzung – Zugehörigkeit der übertragenen Wirtschaftsgüter zu einer steuerlichen Betriebsstätte im Staat der übertragenden Gesellschaft – erfüllt.

Können Wirtschaftsgüter ausnahmsweise nicht einer Betriebsstätte zugerechnet werden (z.B. Patente, Beteiligungen), hindert die Fusionsrichtlinie den Staat der übertragenden Gesellschaft nicht daran, die in den Wirtschaftsgütern enthaltenen stillen Reserven im Augenblick der Verschmelzung zu besteuern[165].

Das Konzept der aufgeschobenen Besteuerung nach der Fusionsrichtlinie kommt des Weiteren nicht zur Anwendung (mit der Konsequenz, dass der Staat der übertragenden Gesellschaft grundsätzlich die stillen Reserven im Zeitpunkt der Verschmelzung sofort besteuern kann), soweit nach dem jeweiligen DBA der Wohnsitzstaat und nicht der Betriebsstättenstaat das Besteuerungsrecht für sich in Anspruch nehmen darf (Beispiel: internationale Reedereien und Luftverkehrsgesellschaften).

(bb)   Steuerverhaftungsbedingung

Nach Art. 4 Abs. 1 b FRL müssen die Wirtschaftsgüter, die übergehen sollen, zur Erzielung des steuerlich zu berücksichtigenden Ergebnisses der Betriebsstätte beitragen. Nur solche Vorgänge werden damit von der Steuerneutralität der Verschmelzung ausgenommen, in denen zwar laufende Gewinne oder aperiodisch erzielte Erträge erwirtschaftet werden, diese aber aufgrund von nationalen Steuerbefreiungsvorschriften oder aufgrund von fehlenden nationalen Steuerverhaftungsregelungen für Betriebsstätten nicht mehr der Besteuerung unterliegen. Anders ausgedrückt: Die Bedingung ist erfüllt, wenn die einzelnen Wirtschaftgüter oder die gesamte Betriebsstätte der übernehmen-

---

[165]   Thömmes in: Theisen/Wenz, Die Europäische Aktiengesellschaft, S. 465, 506.

den Gesellschaft grundsätzlich steuerlich erfasst und nicht vollständig steuerbefreit sind[166].

(cc) Fiktionsklausel

Nach Art. 4 Abs. 3 FRL kann nur dann steuerneutral fusioniert werden, wenn die neuen Abschreibungen und die späteren Wertsteigerungen oder Wertminderungen des übertragenen Aktiv- und Passivvermögens von der aufnehmenden Gesellschaft so berechnet werden, wie die übertragende Gesellschaft sie ohne die Fusion berechnet hätte. Die deutschen Gewinnermittlungsvorschriften (§ 4 ff. EStG i.V.m. § 8 Abs. 1 KStG) erfüllen diese Bedingung durch das Gebot der Fortführung der bisherigen Buchwerte in der Betriebsstättenbilanz der aufnehmenden Gesellschaft.

Nach Art. 4 Abs. 4 FRL können die Mitgliedstaaten den übernehmenden Gesellschaften die Option einräumen, die neuen Abschreibungen und späteren Wertminderungen des übertragenen Vermögens unabhängig von der Bewertung bei der übertragenden Gesellschaft vorzunehmen. In diesem Fall ist bei der Verschmelzung eine sofortige Besteuerung der stillen Reserven gemeinschaftsrechtlich zulässig[167].

(c) Weitere bedeutende Regelungen der Fusionsrichtlinie

Weitere bedeutende Regelungen der Fusionsrichtlinie sind:

* Art. 5 FRL: Danach können steuerfreie Rückstellungen oder Rücklagen im inländischen Betriebsstättenvermögen der übernehmenden Gesellschaft fortgeführt werden. Eine ähnliche Regelung enthält § 12 Abs. 3 UmwStG[168]. Die nicht mit dem deutschen Recht zwingend gleichzusetzende Begriffe „Rückstellung" und „Rücklagen" sollen nur zum Ausdruck bringen, dass es sich um Passivposten handelt, die sich bei ihrer erstma-

---

[166] Herzig/Griemla, StuW 2004, S. 55, 64.
[167] Herzig/Griemla, StuW 2004, S. 55, 64.
[168] Haritz/Wisniewski, GmbHR 2004, 28, 29.

ligen Bildung oder späteren Erhöhung steuermindernd auf die Einkommensermittlung der übertragenden Gesellschaft ausgewirkt haben.

- Art. 6 FRL: Danach haben die Mitgliedstaaten einen Übergang von Verlustvorträgen zuzulassen, soweit im nationalen Recht hierfür eine Regelung vorgesehen ist. In Deutschland ist dies § 12 Abs. 3 S. 2 UmwStG. Vorgetragene Verluste können aber nur mit Gewinnen der im Mitgliedstaat der übertragenden Gesellschaft verbleibenden Betriebsstätte verrechnet werden[169].

- Art. 7 Abs. 2 FRL: Danach kann auf der Ebene der Gesellschafter ein Übernahmegewinn (der dadurch entsteht, dass der gemeine Wert der übertragenen Wirtschaftsgüter den bisherigen Buchwert dieser Wirtschaftgüter übersteigt) von den Mitgliedstaaten besteuert werden, wenn die aufnehmende Gesellschaft vor der Umstrukturierung zu weniger als 20 % an der einbringenden Gesellschaft beteiligt war. Diese Quote sinkt auf 15 % ab 1.1.2007 und auf 10 % ab 1.1.2009. Die Einführung eines solchen von einer Höchstbeteiligung abhängigen Besteuerungsrechts ist fakultativ. Die Mitgliedstaaten haben die Möglichkeit, von einer Quotenregelung abzusehen und generell die bei der Fusion eintretenden Wertsteigerungen steuerfrei zu belassen. Eine derartige Steuerbefreiungsregelung unabhängig von einer Beteiligungsquote findet sich in § 8b Abs. 2 KStG für Körperschaften als Gesellschafter der übertragenden Kapitalgesellschaft. Art. 7 FRL deckt sich weitgehend mit § 12 Abs. 2 S. 1 UmwStG[170]. Problematisch ist aber § 12 Abs. 2 S. 2 UmwStG, der gegen Art. 7 FRL verstoßen könnte. § 12 Abs. 2 S. 2 UmwStG schließt die Steuerfreiheit aus, wenn die tatsächlichen Anschaffungskosten der Beteiligung der übernehmenden Gesellschaft an der übertragenden Gesellschaft den Buchwert der Anteile an der übertragenden Gesellschaft

---

[169] Die Auswirkung des Art. 6 FRL soll folgendes Beispiel verdeutlichen: Eine deutsche AG hat Verlustvorträge. Sie soll auf eine französische société anonyme zur Neugründung einer SE mit Sitz in Frankreich verschmolzen werden. Die bislang bei der deutschen AG bestehenden Verlustvorträge sind dann der durch die Verschmelzung entstehenden deutschen Betriebsstätte der aus der französischen société anonyme hervorgegangenen SE zuzurechnen und gehen unter den Bedingungen des § 12 Abs. 3 S. 2 UmwStG auf diese über.

[170] Haritz/Wisniewski, GmbHR 2004, 28, 29.

zum Zeitpunkt der Verschmelzung übersteigen. In diesem Fall ist der Unterschiedsbetrag dem Gewinn der übernehmenden Körperschaft hinzuzurechnen. Diese Ausnahme von der Steuerfreiheit lässt sich mit Art. 7 FRL nicht in Einklang bringen, so dass § 12 Abs. 2 S. 2 UmwStG auf Verschmelzungsvorgänge zur Gründung einer SE nicht anwendbar ist[171].

- Art. 8 FRL: Danach führt auf der Gesellschafterebene der Tausch der Anteile an der übertragenden Gesellschaft gegen Anteile an der übernehmenden Gesellschaft[172] bei Buchwertfortführung und fehlender Zuzahlung nicht zur Besteuerung[173]. Andererseits führt die Ausgabe von Anteilen an der übernehmenden Gesellschaft zu einer Besteuerung eines Veräußerungsgewinns bei den Gesellschaftern der übertragenden Gesellschaft, wenn die Gesellschafter den erworbenen Anteilen bilanzmäßig einen höheren Wert beimessen als den Anteilen an der übertragenden Gesellschaft vor der Verschmelzung.

- Art. 10 FRL: Diese Vorschrift behandelt den Sonderfall der Einbringung einer Betriebsstätte. Wenn sich unter den bei einer Fusion, Spaltung, Abspaltung oder Einbringung von Unternehmensteilen eingebrachten Wirtschaftsgütern eine in einem anderen Mitgliedstaat als dem der einbringenden Gesellschaft liegende Betriebsstätte befindet, verzichtet gemäß Art. 10 Abs. 1 S. 1 FRL der Staat der einbringenden Gesellschaft

---

[171] Haritz/Wisniewski GmbHR 2004, S. 28, 32.

[172] Auf der Gesellschafterebene bedeutet der Untergang der übertragenden Gesellschaft, dass die Gesellschafter der übertragenden Gesellschaft ihre Anteile an der übertragenden Gesellschaft verlieren und im Gegenzug Aktien an der SE erhalten (Art. 29 SE-VO) – ein Vorgang, der sich steuerlich als Tausch einstufen lässt. Im deutschen Recht kann ein Tausch zur steuerpflichtigen Aufdeckung der stillen Reserven führen, wenn der Gesellschafter (natürliche Person) an der übertragenden Kapitalgesellschaft mit mindestens 1 % beteiligt war (§ 17 Abs. 1 EStG).

[173] Dieser Gedanke wird auch in auch in § 13 UmwStG zum Ausdruck gebracht (Haritz/Wisniewski, GmbHR 2004, S. 28, 29). Bare Zuzahlungen führen nach der Fusionsrichtlinie aber nur auf der Ebene der Gesellschafter zu einer steuerpflichtigen Gewinnrealisierung. Auf der Ebene der übertragenden Gesellschaften führen bare Zuzahlungen im Unterschied zum deutschen Recht bei innerstaatlichen Fusionen (Teilwertansatz gemäß § 11 Abs. 1 Nr. 2 und Abs. 2 UmwStG) im Anwendungsbereich der Fusionsrichtlinie nicht zur Aufdeckung der stillen Reserven (Herzig/Griemla, StuW 2002. S. 55, 65).

endgültig auf seine Rechte zur Besteuerung dieser Betriebsstätte. Deutschland, Belgien, Frankreich, Luxemburg, Niederlande, Österreich und Spanien, die ausländische Betriebsstättengewinne von der inländischen Besteuerung freistellen, müssen endgültig auf die Besteuerung der ausländischen Betriebsstätte verzichten, wenn diese bei der Verschmelzung auf eine Gesellschaft in einem anderen Mitgliedstaat übergeht. Der Steuerverzicht spielt insoweit keine Rolle, als Deutschland in seinen DBA ohnehin eine Betriebsstättenfreistellung vorsieht. Den Mitgliedstaaten wird nur ausnahmsweise ein sofortiges Besteuerungsrecht nach Art. 10 Abs. 1 S. 2 FRL eingeräumt, wenn Verluste der ausländischen Betriebsstätte zuvor vom Gewinn des Stammhausunternehmens abgezogen worden sind, ohne bereits wieder durch spätere Betriebsstättengewinne nachversteuert worden zu sein. Staaten wie Dänemark, Finnland, Griechenland, Irland, Italien, Portugal, Schweden und Großbritannien, die auf die Gewinne ausländischer Betriebsstätten eine Art Weltgewinnbesteuerung mit Anrechnung anwenden, können im Zeitpunkt der Fusion die in der übertragenen Betriebsstätte enthaltenen stillen Reserven in die inländische Besteuerungsgrundlage der übertragenden Gesellschaft einbeziehen. Dabei wird jedoch eine fiktive Steuer des Betriebsstättenstaats nach Art. 10 Abs. 2 FRL angerechnet. Angerechnet wird eine Steuer, die entstanden wäre, wenn die Fusionsrichtlinie nicht den Betriebsstättenstaat zu einer aufgeschobenen Besteuerung bei der grenzüberschreitenden Verschmelzung verpflichtet hätte[174].

- Art. 11 FRL: Nach Art. 11 Abs. 1 a FRL können die Mitgliedstaaten die Anwendung der Fusionsrichtlinie ganz oder teilweise versagen oder rückgängig machen, wenn die Fusion, Spaltung, Abspaltung, Einbringung von Unternehmensteilen, der Austausch von Anteilen oder die Verlegung des Sitzes einer SE oder einer SCE als hauptsächlicher Beweggrund oder als einen der hauptsächlichen Beweggründe die Steuerhinterziehung oder -umgehung hat. Vom Vorliegen eines solchen Beweggrundes kann ausgegangen werden, wenn einer der in

---

[174] Thömmes in: Theisen/Wenz, Die Europäische Aktiengesellschaft, S. 465, 510, 511; Herzig/Griemla, StuW 2002, S. 55, 66.

Art. 1 FRL genannten Vorgänge nicht auf vernünftigen wirtschaftlichen Gründen – insbesondere der Umstrukturierung oder der Rationalisierung der beteiligten Gesellschaften – beruht. Dabei sind die Gesellschafter dafür beweispflichtig, dass die Fusion aus wirtschaftlich nachvollziehbaren, nicht missbräuchlichen Gründen erfolgt war. Nach Art 11 Abs. 1 b FRL können die Mitgliedstaaten die Anwendung der Richtlinie ganz oder teilweise versagen oder rückgängig machen, wenn die Umstrukturierung dazu führt, dass eine an dem Vorgang beteiligte Gesellschaft oder eine an dem Vorgang nicht beteiligte Gesellschaft die Voraussetzungen für die bis zu dem Vorgang bestehende Vertretung der Arbeitnehmer in den Organen der Gesellschaft nicht mehr erfüllt. Art. 11 Abs. 1 b FRL ist eine nicht steuerliche Regelung zur Bewahrung des nationalen Mitbestimmungsrechts. Für die Bildung einer Verschmelzungs-SE ist diese in der steuerlichen Fusionsrichtlinie an sich als Fremdkörper zu wertende Regelung bedeutungslos, weil bei einer durch eine Fusion entstandenen SE die SE-RL vom 8.10.2001[175] als speziellere Mitbestimmungsregelung Vorrang hat.

bb) Verschmelzungsmöglichkeiten

Nach der Verschmelzungsrichtlinie kann eine Verschmelzung durch Neugründung oder durch Aufnahme erfolgen. Bedeutender als diese Unterscheidung ist jedoch der Ort, in dem die Verschmelzungs-SE entsteht. Danach kann eine ausländische Gesellschaft auf eine Gesellschaft in Deutschland zu einer SE verschmolzen werden (Hereinverschmelzung) oder eine deutsche Gesellschaft wird auf eine Gesellschaft im Ausland zu einer SE verschmolzen (Herausverschmelzung). Schließlich kann deutsches Recht tangiert sein, wenn ausländische Gesellschaften fusionieren und eine der beteiligten Gesellschaften eine Betriebsstätte in Deutschland hat (Verschmelzung ausländischer Gesellschaften mit Inlandsbezug).

---

[175] Richtlinie 2001/86/EG des Rates zur Ergänzung des Statuts der Europäischen Gesellschaft hinsichtlich der Beteiligung der Arbeitnehmer v. 8.10.2001, ABl. EG L 294 v. 10.11.2001, S. 22 - 32.

(1)   Geltendes nationales Recht
(a)   Herausverschmelzung

Bei der Herausverschmelzung geht die in Deutschland ansässige übertragende Gesellschaft unter und steht dem deutschen Fiskus nicht
mehr als Steuersubjekt zur Verfügung. Umstritten ist, ob und inwieweit die Herausverschmelzung Steuerfolgen bei der deutschen Gesellschaft und ihren Aktionären auslöst.

Eine direkte Anwendung deutscher umwandlungssteuerrechtlicher
Regelungen auf die Herausverschmelzung scheidet aus, weil nach § 1
Abs. 1 S. 1 UmwStG die umwandlungssteuerrechtlichen Regelungen
nur für Verschmelzungen i.S.d. § 1 UmwG, also nur für die Verschmelzung von Rechtsträgern mit Sitz im Inland, gelten und zudem §
1 Abs. 5 UmwStG den Anwendungsbereich der umwandlungssteuerrechtlichen Regelungen auf unbeschränkt steuerpflichtige Körperschaften begrenzt. Derzeit wird also die Herausverschmelzung im
Sinne der SE-VO nicht vom UmwStG erfasst[176]. Insbesondere findet
auch § 23 UmwStG keine Anwendung. Diese Vorschrift enthält keine
Regelung über eine grenzüberschreitende Fusion[177].

Im Schrifttum gibt es die Ansicht, durch eine analoge Anwendung des
§ 11 Abs. 1 UmwStG auf Gesellschaftsebene und des § 13 UmwStG
auf Gesellschafterebene lasse sich die grundsätzliche Steuerneutralität
der Herausverschmelzung gewährleisten[178]. Indes braucht diese Frage
nicht entschieden zu werden, wenn sich ohnehin kein Besteuerungsrecht des Fiskus bei der Herausverschmelzung ergibt. Hierüber
herrscht allerdings ein Meinungsstreit.

Nach einer Auffassung scheidet zunächst eine Gewinnrealisierung
nach § 8 Abs. 1 KStG i.V.m. §§ 4 ff. EStG aus. Auch eine Liquidati-

---

[176] Horn, DB 2005, S. 147, 152; Förster/Lange, DB 2002, S. 288, 289; Her-
zig/Griemla, StuW 2002, S. 55, 62.
[177] Patt in: Dötsch/Eversberg/Jost/Pung/Witt, Kommentar zum KStG und EStG,
Vor § 20 UmwStG n.F. Tz. 26 m.w.N.
[178] Engert, DStR 2004, S. 664, 670; vgl. auch Rödder, DStR 2005, S. 893, 894.

onsbesteuerung nach § 11 KStG sei abzulehnen, weil die übertragende Gesellschaft zwar aufgelöst, aber nicht liquidiert werde (Art. 3 Abs. 1, 4 Abs. 1 der Verschmelzungsrichtlinie). Weiter sei § 12 Abs. 1 KStG vom Tatbestand her nicht erfüllt, weil dieser nur die Verlegung von Sitz oder Geschäftsleitung einer fortbestehenden Gesellschaft betreffe, nicht aber den Fall einer untergehenden Gesellschaft[179]. § 12 Abs. 2 KStG sei nur auf beschränkt steuerpflichtige Körperschaften anwendbar, gelte also nicht für die Herausverschmelzung unbeschränkt körperschaftsteuerpflichtiger Aktiengesellschaften. Schließlich komme auch eine entsprechende Anwendung der genannten Vorschriften nicht in Betracht, weil die Verfassung steuerbegründende Analogien verbiete[180]. Als Konsequenz dieser Auffassung ist von einem steuerneutralen Gesamtvermögensübergang zu Buchwerten auszugehen. Die Aktionäre der übertragenden Gesellschaft haben die bisherigen Anschaffungskosten der untergehenden Anteile an der übertragenden Gesellschaft auf die Anteile an der entstehenden SE zu übertragen. Weder auf der Ebene der übertragenden Gesellschaft noch auf der Ebene ihrer Gesellschafter fällt zum Zeitpunkt der Herausverschmelzung eine Steuer an.

Anders die Theorie von der „Sachauskehrung"[181]: Die übertragende Gesellschaft kehre bei der grenzüberschreitenden Verschmelzung ihr Vermögen an ihre Anteilseigner aus, die danach das Vermögen in die SE gegen Gewährung von Gesellschaftsrechten einbringen. Dies führe zur steuerpflichtigen Aufdeckung der stillen Reserven in dem übergehenden Vermögen[182]. Bei unbeschränkt steuerpflichtigen natürlichen Personen als Gesellschafter der übertragenden Gesellschaft unterliege die zufließende „Sachauskehrung" der Halbeinkünftebesteuerung (§ 3 Nr. 40 e EStG), soweit der ausgekehrte Betrag nicht aus dem steuerlichen Einlagekonto oder dem Nennkapital der übertragenden Gesellschaft gespeist werde. Der Untergang der Anteile an der übertragenden Gesellschaft sei steuerlich zu berücksichtigen, soweit diese steu-

---

179 Korts, Die Europäische Aktiengesellschaft, S. 36; Kessler/Achilles/Huck, IStR 2003, S. 715, 716; Horn, DB 2005, S. 147, 152.
180 Thömmes in: Theisen/Wenz, Die Europäische Aktiengesellschaft, S. 465, 492, 493; Korts, Die Europäische Aktiengesellschaft, S. 36.
181 Förster/Lange, DB 2002, S. 288, 289.
182 Förster/Lange, DB 2002, S. 288, 289.

erverhaftet seien. Die Weitergabe der Sachauskehrung führe zu Anschaffungskosten auf die Anteile an der übernehmenden Gesellschaft in Höhe des gemeinen Werts des übergehenden Reinvermögens. Bei beschränkt steuerpflichtigen natürlichen Personen als Gesellschafter gelte Gleiches, wenn sie die Anteile an der übertragenden Gesellschaft in einer inländischen Betriebsstätte hielten. Bei unbeschränkt steuerpflichtigen Körperschaften als Gesellschafter der übertragenden Gesellschaft sei die zufließende Sachauskehrung ebenso unbeachtlich wie der Untergang der Anteile an der übertragenden Gesellschaft (§ 8b Abs. 1 und 3 KStG)[183].

Eine dritte Ansicht behandelt die Herausverschmelzung wie eine Sitzverlegung und bejaht daher eine Schlussbesteuerung nach §§ 12 Abs. 1, 11 KStG, ohne der Theorie von der „Sachauskehrung" zu folgen[184].

Nach Auffassung des Instituts „Finanzen und Steuern" setzt jede Besteuerung einen gesetzlich fixierten Besteuerungstatbestand voraus. Ein Besteuerungstatbestand der „Sachauskehrung" ist keiner gesetzlichen Vorschrift zu entnehmen. Zudem verläuft die Gesamtrechtsnachfolge unmittelbar von der übertragenden zur aufnehmenden Gesellschaft. Die Gesellschafter als „Zwischeninstanz" zu fingieren, die das „sachausgekehrte" Vermögen der übertragenden Gesellschaft in die aufnehmende Gesellschaft einlegen, stellt eine nicht begründete Fiktion dar. Auch der dritten Ansicht kann nicht gefolgt werden. Eine Herausverschmelzung ist gerade keine Sitzverlegung, so dass § 12 Abs. 1 KStGB nicht einschlägig ist. Eine steuerbegründende Analogie ist aber abzulehnen.

Demnach fehlt bei der Herausverschmelzung ein deutsches Besteuerungsrecht sowohl auf der Gesellschaftsebene als auch auf der Ebene der Gesellschafter[185].

---

[183] Förster/Lange, DB 2002, S. 288, 290.
[184] Schulz/Petersen, DStR 2002, S. 1508, 1512.
[185] Wie hier Thömmes in: Theisen/Wenz, Die Europäische Aktiengesellschaft, S. 465, 495; Korts, Die Europäische Aktiengesellschaft, S. 36 m.w.N.

(b) Hereinverschmelzung

Bei der Verschmelzung einer ausländischen Kapitalgesellschaft auf eine AG mit Sitz in Deutschland (Hereinverschmelzung) geht das Vermögen der ausländischen untergehenden Gesellschaft durch Gesamtrechtsnachfolge auf die übernehmende SE in Deutschland über.

Zunächst scheidet eine Anwendung umwandlungssteuerrechtlicher Regelungen bei der Hereinverschmelzung nach Art. 17 Abs. 2 SE-VO von vornherein aus. Direkt sind diese Vorschriften nicht anzuwenden, weil die übertragende ausländische Gesellschaft nicht unbeschränkt körperschaftsteuerpflichtig im Sinne des § 1 Abs. 5 UmwStG ist. Aber auch eine entsprechende Anwendung scheidet aus, weil eine steuerbegründende Analogie verfassungsrechtlich nicht hinnehmbar ist.

In Betracht kommt jedoch eine Anwendung des § 12 Abs. 2 S. 2 KStG, soweit das Vermögen der übertragenden ausländischen Gesellschaft vor der Verschmelzung zu einem inländischen Betriebsvermögen gehörte[186]. In diesem Fall war die ausländische Kapitalgesellschaft in Deutschland beschränkt steuerpflichtig. Nach § 12 Abs. 2 S. 2, S. 1, Abs. 1 i.V.m. § 11 KStG ist eine Schlussbesteuerung vorzunehmen, wenn das Vermögen einer Betriebsstätte als Ganzes auf einen anderen übertragen wird, es sei denn, die Übertragung erfolgt im Ausland zu Buchwerten durch einen Vorgang, der einer Verschmelzung auf eine andere Körperschaft im Sinne des § 2 UmwG vergleichbar ist und das Besteuerungsrecht der Bundesrepublik Deutschland geht nicht verloren. Die Ausnahmeklausel am Ende der Vorschrift ist durch das UntStFG 2001[187] mit Wirkung zum 1.1.2002 ins KStG aufgenommen worden. Sie war durch Art. 10 FRL i.V.m. Art. 4 FRL vorgegeben[188]. Der Hintergrund dieser Klausel besteht darin, dass die ab Oktober 2004 bestehende Möglichkeit, eine SE zu gründen, nicht dadurch behindert werden sollte, dass der Errichtungsakt zu einem deutschen

---

[186] Rödder, DStR 2005, S. 893, 894.
[187] BGBl. I 2001, S. 3858.
[188] Kessler/Achilles/Huck, IStR 2003, S. 715, 716.

Besteuerungsrecht führt[189]. Auf die Aufdeckung und Versteuerung von stillen Reserven sollte beim Übergang des Vermögens einer inländischen Betriebsstätte einer beschränkt steuerpflichtigen Stammhausgesellschaft auf einen anderen verzichtet werden, wenn die stillen Reserven auch weiterhin im Inland steuerverhaftet bleiben[190].

Die Hereinverschmelzung nach Art. 17 Abs. 2 SE-VO ist mit einer Verschmelzung im Sinne des § 2 UmwG vergleichbar. Beim Übergang des inländischen Betriebstättenvermögens einer ausländischen Kapitalgesellschaft auf die SE in Deutschland unter Fortführung der Buchwerte bleibt das deutsche Besteuerungsrecht erhalten. Eine steuerliche Inanspruchnahme nach den Grundsätzen der Liquidationsbesteuerung ist deshalb nicht gerechtfertigt[191]. Vielmehr ist der Ausnahmetatbestand des § 12 Abs. 2 S. 2 KStG erfüllt. Im Übrigen wird das deutsche Besteuerungsrecht durch den Zuwachs des Betriebsstättenvermögens der ausländischen Gesellschaft sogar verstärkt[192].

Auf der Ebene der Gesellschafter der untergehenden ausländischen Gesellschaft muss danach unterschieden werden, ob es sich bei den Gesellschaftern um unbeschränkt oder beschränkt steuerpflichtige natürliche oder juristische Personen handelt. Grundsätzlich abweichende Ergebnisse vermittelt die Theorie der „Sachauskehrung". Bei einem unbeschränkt einkommensteuerpflichtigen Gesellschafter der übertragenden Gesellschaft würde danach ein gemäß § 3 Nr. 40 EStG zur Hälfte steuerbefreiter „Sachauskehrungszufluss" eintreten. Bei beschränkt einkommensteuerpflichtigen Gesellschaftern erweisen sich die unterschiedlichen Gründungsvarianten – Verschmelzung durch Aufnahme oder durch Neugründung – in diesem Zusammenhang als rechtserheblich: Nur im Falle der Neugründung käme es im Inland zu einer Besteuerung des beschränkt einkommensteuerpflichtigen Gesellschafters der übertragenden Gesellschaft nach § 49 Abs. 1 Nr. 2 a

---

[189] Bericht der Bundesregierung zur Fortentwicklung des Unternehmenssteuerrechtes v. 19.4.2001, S. 22; Kessler/Achilles/Huck, IStR 2003, S.715, 716; Förster/Lange, DB 2002, S. 288, 291.

[190] BR-Drucks. 638/01; Förster/Lange, DB 2002, S. 288, 291.

[191] Kessler/Achilles/Huck, IStR 2003, S. 715, 716; Schulz/Petersen, DStR 2002, S. 1508, 1512.

[192] Thömmes in: Theisen/Wenz, Die Europäische Aktiengesellschaft, S.465, 496.

EStG. Bei der Verschmelzung durch Aufnahme würden keine Steuerfolgen ausgelöst. Ist der Gesellschafter selbst eine Kapitalgesellschaft, wäre nach der Sachauskehrungstheorie dieser Zufluss nach § 8b Abs. 1 KStG steuerfrei[193].

Folgt man der Sachauskehrungstheorie nicht, könnte für natürliche Personen als Gesellschafter und einer Beteiligung von mindestens 1 % ein dem Halbeinkünfteverfahren unterliegender Tauschgewinn nach § 17 i.V.m. § 3 Nr. 40 c EStG eintreten.

Lediglich durch analoge Anwendung des § 13 UmwStG wäre dieses unbefriedigende Ergebnis vermeidbar. Unmittelbar gilt § 13 UmwStG nur für inländische Verschmelzungen. Um einen Wertungswiderspruch zu Art. 8 FRL und zu der deutschen Behandlung der Steuerfolgen auf Gesellschaftsebene in § 12 Abs. 2 S. 2 KStG zu vermeiden, wird in der Tat im Schrifttum für eine für den Steuerpflichtigen günstige analoge Anwendung des § 13 UmwStG plädiert. Nur so lasse sich erreichen, dass die offensichtlich gewollte grundsätzliche Steuerneutralität auch auf die Gesellschafterebene durchschlägt[194].

Ist der Anteilseigner eine Kapitalgesellschaft, führt der Tausch der Anteile an der übertragenden Gesellschaft mit Anteilen an der entstehenden SE zu einem Veräußerungsgewinn, der nach deutschem Recht gemäß § 8b Abs. 2 KStG steuerfrei ist.

Als Ergebnis bleibt festzuhalten, dass die Steuerneutralität der Hereinverschmelzung auf der Ebene der natürlichen Gesellschafter nicht gänzlich sicher ist. Ein Besteuerungsrecht auf der Basis der Sachauskehrungstheorie ist aus den Gründen, die zur Herausverschmelzung dargelegt wurden, abzulehnen. Nach Auffassung des Instituts „Finanzen und Steuern" sollte die anzustrebende grundsätzliche Steuerneutralität des Übertragungsakts auch auf der Ebene des Gesellschafters über eine entsprechende Korrektur des Gesetzes (§§ 1 und 13 UmwStG) unzweideutig fixiert werden.

---

[193] Vgl. zu den Ergebnissen der Sachauskehrungstheorie Thömmes in: Theisen/Wenz, Die Europäische Aktiengesellschaft, S. 465, 498.

[194] Engert, DStR 2004, S. 664, 669.

(c) Verschmelzung ausländischer Gesellschaften mit Inlandsbezug

Eine deutsches Besteuerungsrecht infolge der Verschmelzung ausländischer, Gesellschaften zu einer SE mit Sitz im Ausland setzt voraus, dass einer der Gesellschafter der beteiligten Gesellschaften der unbeschränkten oder beschränkten Steuerpflicht unterliegt oder eine der beteiligten Gesellschaften über eine Betriebsstätte in Deutschland verfügt[195]. Aber auch, wenn eine dieser Voraussetzungen gegeben ist, lassen sich auf Gesellschaftsebene ertragsteuerliche Konsequenzen durch Buchwertfortführung verhindern.

Natürliche Personen als Gesellschafter einer übertragenden ausländischen Gesellschaft mit inländischer Betriebsstätte können unter den Voraussetzungen der § 17 EStG nach dem Halbeinkünfteverfahren (§ 3 Nr. 40 c EStG) besteuert werden. Zu diesem nicht mit Art. 8 FRL und § 12 Abs. 2 S. 2 KStG harmonisierenden Ergebnis wird auf die Darstellung zur Hereinverschmelzung verwiesen. Da die Möglichkeit einer analogen Anwendung des § 13 UmwStG zweifelhaft ist, wäre hier eine Gesetzeskorrektur angezeigt. Für beschränkt oder unbeschränkt steuerpflichtige Kapitalgesellschaften als Gesellschafter der übertragenden ausländischen Gesellschaft gilt das Privileg des § 8b Abs. 2 KStG (Steuerfreiheit).

(2) Fusionsrichtlinie
(a) Gesellschaftsebene

Sind die übertragenen Wirtschaftsgüter nach der Verschmelzung einer inländischen Betriebsstätte zuzurechnen und bleiben dort steuerlich verhaftet und werden außerdem die Buchwerte der übertragenden Gesellschaft von der übernehmenden SE fortgeführt, ermöglicht die Fusionsrichtlinie (Art. 4 FRL) eine steuerneutrale Heraus- und Hereinverschmelzung. Die Erfüllung dieser Bedingungen kann bei der Herausverschmelzung einer deutschen Holdinggesellschaft auf eine ausländische Holdinggesellschaft Probleme bereiten. Z.B. kann es an

---

[195] Thömmes in: Theisen/Wenz, Die Europäische Aktiengesellschaft, S. 465, 499.

einer verbleibenden inländischen Betriebsstätte fehlen oder die eingebrachten Wirtschaftsgüter gehören nicht zum Betriebsvermögen der
Betriebsstätte. Auf folgende Probleme sei hingewiesen:

Verbleibt bei der Herausverschmelzung im Inland keine Betriebsstätte, ist die Betriebsstättenbedingung nach Art. 4 FRL nicht erfüllt. Dieser Fall kann insbesondere eintreten, wenn eine deutsche Holdinggesellschaft auf eine ausländische Holdinggesellschaft verschmolzen
wird. Damit die Voraussetzungen des Art. 4 FRL erfüllt werden können, muss im Inland eine Betriebsstätte eines Unternehmens im Sinne
des Art. 7 OECD-MA verbleiben, der die eingebrachten Anteile nach
der Fusion im Sinne des Art. 10 Abs. 4 OECD-MA tatsächlich zuzurechnen sind. Erforderlich ist darüber hinaus eine Unternehmenstätigkeit der Betriebsstätte. Die Frage ist, ob sie auch vorliegt, wenn lediglich eine Vermögensverwaltung ausgeübt wird. Nach Meinung des
Instituts „Finanzen und Steuern" haben Tätigkeiten, die ihrer Art nach
als Vermögensverwaltung – etwa in Form von Halten und Verwalten
von Beteiligungen – zu werten sind, selbst dann abkommensrechtli-
chen Gewerblichkeitscharakter und führen daher zu Unternehmens-
gewinnen im Sinne der DBA, wenn sich die gewerbliche Prägung
allein aus einer gesetzlicher Fiktion ergibt (z.B. § 15 Abs. 3 EStG oder
§ 8 Abs. 2 KStG)[196]. Nach der Gegenauffassung ist nicht automatisch
jeder Gewerbebetrieb kraft Rechtsform im Sinne der § 15 Abs. 3 EStG
oder § 8 Abs. 2 KStG gleichzeitig Unternehmen im Sinne des Art. 7
OECD-MA. Etwas anderes gelte nur dann, wenn sich die Vermögensverwaltung als Gewerbebetrieb im Sinne des § 15 Abs. 2 EStG darstelle, so dass eine reine Vermögensverwaltung nicht als Betriebsstätte
eines Unternehmens im Sinne des Art. 7 OECD-MA zu werten wäre[197]. Auch nach der Rechtsprechung des BFH zur Organschaft genü-
ge die gesetzliche Fiktion eines Gewerbebetriebs allein nicht. Der
Gewerblichkeitscharakter könne sich aber aus einer Konzernleitung
gegenüber den abhängigen Unternehmen ergeben, wenn diese durch
äußere Umstände erkennbar wird (z.B. schriftliche Weisungen an die
abhängigen Gesellschaften)[198].

---

[196] So auch Krabbe, StbJb. 2000/2001, S. 183, 191 f.
[197] Wassermeyer in: Debatin/Wassermeyer, MA Art. 7, Rz. 16 a, 49.
[198] BFH, Urt. v. 17.12.1969, I 252/64, BStBl. II 1970, S. 257, 260 f.

Art. 4 FRL erfordert zudem, dass die Beteiligungen der Betriebsstätte tatsächlich zuzurechnen sind. Bei der Herausverschmelzung einer inländischen Holdinggesellschaft auf eine ausländische Holdinggesellschaft kann es sich fragen, ob die übertragenen Anteile zur Betriebsstätte gehören. Ein Vermögenswert ist nach der Rechtsprechung des BFH einer Betriebsstätte tatsächlich zurechnen, wenn er in einem funktionalen Zusammenhang zu der in ihr ausgeübten Unternehmenstätigkeit steht. Ein Indiz gegen eine tatsächliche Zugehörigkeit eines Vermögenswerts zu einer Betriebsstätte sei es, wenn die aus seiner Nutzung erzielten Einkünfte in gleicher Weise vom Stammhaus hätten erzielt werden können[199].

Schließlich erfordert Art. 4 Abs. 1 FRL für die Steuerneutralität der Verschmelzung, dass die eingebrachten Wirtschaftsgüter zur Erzielung des steuerlich zu berücksichtigenden Ergebnisses der Betriebsstätte beitragen. Nur solche Vorgänge werden damit von der Steuerneutralität der Verschmelzung ausgenommen, in denen zwar laufende Gewinne oder aperiodisch erzielte Erträge erwirtschaftet werden, diese aber aufgrund von bestimmten nationalen Steuerbefreiungsvorschriften oder aufgrund von fehlenden nationalen Steuerverhaftungsregelungen für Betriebsstätten nicht mehr der Besteuerung unterliegen. Anders gewendet ist die Bedingung erfüllt, wenn die einzelnen Wirtschaftgüter oder die gesamte Betriebsstätte der übernehmenden Gesellschaft grundsätzlich steuerlich erfasst und nicht vollständig steuerbefreit sind[200].

(b)   Betriebsstätten in anderen Mitgliedstaaten

Existieren Betriebsstätten der übertragenden Gründungsgesellschaften in anderen Mitgliedstaaten, gilt Art. 10 FRL. Nach Art. 10 Abs. 1 S. 1 FRL verzichtet der Staat der übertragenden Gründungsgesellschaft endgültig auf seine Rechte zur Besteuerung der ausländischen Betriebsstätte. Dieser Steuerverzicht hat insoweit keine Bedeutung, als

---

[199]   BFH, Urt. v. 30.8.1995, I R 112/94, BStBl. II 1996, S. 563, 565.
[200]   Herzig/Griemla, StuW 2004, S. 55, 64.

Deutschland ohnehin in seinen DBA eine Betriebsstättenfreistellung vorsieht[201].

(c) Gesellschafterebene

Auf der Ebene der Gesellschafter, die für ihre Anteile an der übertragenden Gesellschaft Anteile an der SE erhalten, wird bei der Heraus- oder Hereinverschmelzung die Steuerneutralität des Anteilstauschs nach Art. 8 FRL gewahrt, wenn die Anteile der aufnehmenden Gesellschaft mit den Anschaffungskosten der Anteile der übertragenden Gesellschaft angesetzt werden. Wird diese Voraussetzung nicht erfüllt, können natürliche Personen als Gesellschafter der nationalen Besteuerung unterliegen. Bei Beteiligungen von mindestens 1 % müssen natürliche Anteilseigner die aufgedeckten Veräußerungsgewinne versteuern (§§ 17, 30 Nr. 40 c EStG). Bei Kapitalgesellschaften als Anteilseigner lässt die Fusionsrichtlinie ebenso wie das nationale Recht (§ 8b Abs. 2 KStG) den Veräußerungsgewinn außer Ansatz, wobei jedoch Art. 7 Abs. 2 FRL dies im Unterschied zum nationalen Recht von einer Beteiligungsquote, die allerdings als Wahlrecht fungiert, abhängig macht: Danach können die Mitgliedstaaten einen Übernahmegewinn besteuern, wenn die Beteiligung der übernehmenden Gesellschaft vor der Verschmelzung unter 20 % (ab 1.1.2007: 15 %, ab 1.1.2009: 10 %) liegt.

2. Steuerneutrale Errichtung von Holding-, Tochter- und Umwandlungs-SE
a) Holding-SE
aa) Entstehung

Gemäß § 2 Abs. 2 SE-VO können Aktiengesellschaften und Gesellschaften mit beschränkter Haftung, die nach dem Recht eines Mitgliedstaats gegründet worden sind und ihren Sitz sowie ihre Hauptverwaltung in der Gemeinschaft haben, eine Holding-SE gründen, wenn mindestens zwei von ihnen dem Recht verschiedener Mitglied-

---

[201] Zu den Einzelheiten des Art. 10 FRL und der Unterscheidung zwischen Freistellungs- und Anrechnungsmethode: B I 1 c aa (2) (c).

staaten unterliegen oder seit mindestens zwei Jahren eine dem Recht eines anderen Mitgliedsstaats unterliegende Tochtergesellschaft oder eine Zweigniederlassung in einem anderen Mitgliedstaat haben. Die Holding-SE entsteht durch Einzelrechtsnachfolge. Anteile an den Gründergesellschaften werden auf die Holding-SE übertragen. Dabei muss der Prozentsatz der übertragenen Anteile für jede der an der Gründung beteiligten Gesellschaften mehr als 50 % der durch die Anteile verliehenen Stimmrechte umfassen (Art. 32 Abs. 2 SE-VO). Für die übertragenen Anteile an den Gründergesellschaften erhalten die Gesellschafter Aktien der SE (Art. 33 Abs. 4 SE-VO). Neben der Möglichkeit, dass auch eine GmbH an der Entstehung einer Holding-SE beteiligt sein kann, unterscheidet sich die Holding-SE von der Verschmelzungs-SE dadurch, dass die an der Gründung der Holding-SE beteiligten Gesellschaften bestehen bleiben (Art. 32 Abs. 1 SE-VO).

Die Entstehung einer Holding-SE kann sich in verschiedenen Fallkonstellationen vollziehen. Für die Praxis steht im Vordergrund die Gründung einer SE mit Sitz in Deutschland durch in Deutschland ansässige Einbringende. Daneben können auch inländische Einbringende eine Holding-SE im Ausland gründen. Schließlich ist auch die Gründung einer deutschen Holding-SE durch ausländische Einbringende von Interesse.

bb) Deutsche Einbringende und Holding-SE mit Sitz in Deutschland

(1) Steuerliche Einordnung und Ebenen der Besteuerung

Die Gründung einer Holding-SE ist steuerlich ein Anteilstausch[202]. Der Anteilstausch führt grundsätzlich zu einem steuerpflichtigen Tauschgewinn beim Gesellschafter hinsichtlich der in den eingebrachten Anteilen enthaltenen stillen Reserven. Handelt es sich bei dem einbringenden Gesellschafter um eine Kapitalgesellschaft, ist der Tauschgewinn nach § 8b Abs. 2 KStG steuerfrei.

---

[202] v. Lishaut, FR 2004, 1301, 1306.

Grundsätzlich sind bezüglich der Steuerfolgen drei Ebenen zu unterscheiden: die Ebene der an der Gründung beteiligten Gesellschaften, die Ebene der Holding-SE und die Ebene der Gesellschafter der an der Gründung beteiligten Gesellschaften. Die Gründung einer Holding-SE lässt die beteiligten Gesellschaften in ihrem Bestand fortbestehen, so dass sich bei den beteiligten Gründergesellschaften keine ertragsteuerlichen Konsequenzen ergeben. Gleiches gilt auf der Ebene der Holding-SE, wenn diese in Deutschland entsteht. Denn die Aufbringung von Kapital im Rahmen der Gründung einer Kapitalgesellschaft unterliegt hierzulande keiner Gesellschaftssteuer[203]. Eine derartige Gesellschaftssteuer wird noch in Griechenland, Irland, Italien, Luxemburg, Niederlande, Österreich und Spanien erhoben[204]. In Deutschland kann die Holding-SE allenfalls Grunderwerbsteuer gemäß § 13 Nr. 5 a) i.V.m. § 1 Abs. 3 GrEStG schulden, wenn sie durch die Einbringung der Anteile mindestens 95 v.H. der Anteile an einer grundstücksbesitzenden Gesellschaft erwirbt. Ertragsteuerliche Folgen kommen somit nur auf der Ebene der Gesellschafter der an der Gründung beteiligten Gesellschaften in Betracht.

(2)   Fusionsrichtlinie und Umwandlungssteuergesetz

Grundsätzlich fällt die Gründung einer Holding-SE als Anteilstausch in den Anwendungsbereich der Fusionsrichtlinie (Art. 1 und 2 d FRL). Die Gründungsgesellschaften erfüllen die Gesellschaftserfordernisse des Art. 3 FRL. Danach bleibt der Errichtungsakt grundsätzlich ertragsteuerlich unbeachtlich, die Besteuerung wird also aufgeschoben und erst später werden Wertzuwächse der Wirtschaftsgüter bei ihrem Ausscheiden aus dem Betriebsvermögen nachversteuert. Gleiches gilt auf der Ebene der Anteilseigner der gründenden Gesellschaften nach Art. 8 FRL.

---

[203] Die auf der Grundlage der Gesellschaftsteuerrichtlinie (69/335/EWG v. 17.7.1969, ABl. EG L 249 v. 3.10.1969, S. 25) in Deutschland bis einschließlich 1991 erhobene Gesellschaftssteuer wurde durch das Finanzmarktförderungsgesetz v. 22.2.1990 (BGBl. I 1990, 266) abgeschafft.

[204] Stand 2002, vgl. Thömmes in: Theisen/Wenz, Die Europäische Aktiengesellschaft, S. 465, 516, 517.

Allerdings sind die Voraussetzungen der Fusionsrichtlinie nicht in jedem Fall bei der Gründung einer Holding-SE erfüllt. Die Fusionsrichtlinie setzt voraus, dass die anteilsübertragende und die anteilserhaltende Gesellschaft aus zwei verschiedenen Mitgliedstaaten stammen. In diesem Fall können die einbringenden Gesellschafter die Buchwerte in den neuen Anteilen fortführen. Nach der SE-VO hingegen kann auch im Land der anteilsübertragenden Gesellschaft eine Holding-SE gegründet werden. Erforderlich ist nach Art. 2 Abs. 2 SE-VO lediglich, dass die an der Gründung beteiligten Gesellschaften aus verschiedenen Staaten stammen, die gegründete Gesellschaft kann sich aber anders als bei der Fusionsrichtlinie im Land einer Gründergesellschaft befinden. Die Fusionsrichtlinie ist deshalb nicht anwendbar, soweit der Sitzstaat der Holding-SE mit dem Sitzstaat der Gründungsgesellschaft übereinstimmt[205]. Im Gegensatz hierzu erfasst die Verordnung auch den Inlandsfall: Sofern an der Errichtung der Holding-SE insgesamt nur eine weitere Gesellschaft aus einem anderen Mitgliedstaat beteiligt ist, ist es für die Anwendbarkeit der SE-VO unschädlich, dass die Gründergesellschaft und die zu gründende Holding-SE aus demselben Mitgliedstaat stammen[206].

Da auch das deutsche Umwandlungssteuerrecht bei Einbringungen über den Anwendungsbereich der Fusionsrichtlinie hinausgeht und ebenfalls Inlandsfälle erfasst, wirken sich hier die unterschiedlichen Reichweiten der Fusionsrichtlinie und der SE-Verordnung nicht aus. Die steuerneutrale Gründung einer Holding-SE ist sowohl nach § 23 Abs. 4 i.V.m. § 20 Abs. 1 S. 2 als auch allein nach § 20 Abs. 1 S. 2 UmwStG möglich. Für den reinen Inlandsfall ergibt sich die Steuerneutralität der Gründung bereits aus § 20 Abs. 1 S. 2 UmwStG allein[207]. Zusätzlich kann § 23 Abs. 4 i.V.m. § 20 Abs. 1 S. 2 UmwStG erfüllt sein.

Nach § 23 Abs. 4 UmwStG gilt für die Bewertung der Anteile, die die übernehmende Kapitalgesellschaft erhält, § 20 Abs. 2 S. 1 bis 4 und 6

---

[205] Thömmes in: Theisen/Wenz, Die Europäische Aktiengesellschaft, S. 465, 516; Kenter/Brendt, IWB 2004, Gruppe 2, S. 621, 625.

[206] Thömmes in: Theisen/Wenz, Die Europäische Aktiengesellschaft, S. 465, 516.

[207] Thömmes in: Theisen/Wenz, Die Europäische Aktiengesellschaft, S. 465, 516, 517.

UmwStG, wenn Anteile im Sinne des § 20 Abs. 1 S. 2 UmwStG an einer EU-Kapitalgesellschaft in eine andere EU-Kapitalgesellschaft eingebracht werden. § 20 Abs. 1 UmwStG ermöglicht in Verbindung mit den folgenden Absätzen dieser Vorschrift bei der Einbringung von Anteilen an einer Kapitalgesellschaft einen Buchwertansatz, wenn die übernehmende Kapitalgesellschaft aufgrund ihrer Beteiligung einschließlich der übernommenen Anteile nachweisbar unmittelbar die Mehrheit der Stimmrechte an der Gesellschaft hat, deren Anteile eingebracht werden. Die Eigenschaft einer EU-Kapitalgesellschaft im Sinne der Fusionsrichtlinie (§ 23 Abs. 4 UmwStG) kann für die Holding-SE bejaht werden; die SE ist mittlerweile im Anhang der geänderten Fusionsrichtlinie vom 17.2.2005 unter dem Buchstaben a aufgeführt[208]. Die weitere Voraussetzung für den Buchwertansatz nach § 20 Abs. 1 S. 2 UmwStG, dass die übernehmende Kapitalgesellschaft unmittelbar die Mehrheit der Stimmrechte an der einbringenden Gesellschaft hat, wird bei der SE durch Art. 32 Abs. 2 SE-VO gewährleistet. Danach muss der Prozentsatz der übertragenen Anteile für jede der an der Gründung beteiligten Gesellschaften mehr als 50 % der durch die Anteile verliehenen Stimmrechte umfassen. Die SE darf also gemäß § 20 Abs. 2 S. 1 UmwStG das eingebrachte Betriebsvermögen mit seinem Buchwert oder mit einem höheren Wert ansetzen. Der Wert, mit dem die SE das eingebrachte Betriebsvermögen ansetzt, gilt gemäß § 20 Abs. 4 UmwStG für den Einbringenden als Veräußerungspreis und als Anschaffungskosten der Gesellschaftsanteile.

cc) Deutsche Einbringende und Holding-SE mit Sitz im Ausland

Ist die gegründete Holding-SE im EU-Ausland ansässig, kann § 20 UmwStG direkt nicht angewendet werden[209]. Die Frage ist, ob das Betriebsvermögen unter den Voraussetzungen des § 23 Abs. 4 UmwStG steuerneutral zu Buchwerten in die Holding-SE eingebracht werden könnte. Die SE ist eine EU-Kapitalgesellschaft im Sinne der Vorschrift. Nach § 23 Abs. 4 S. 1 UmwStG i.V.m. § 20 Abs. 2 S. 1 und Abs. 4 UmwStG kann die Holding-SE aber nur dann steuerneutral

---

[208] ABl. EU L 58 v. 4.3.2005, S. 19, 26.
[209] Förster/Lange, DB 2002, S. 288, 293.

gegründet werden, wenn das Steuerrecht des Sitzstaats der SE den Buchwertansatz zulässt[210]. Zweifelhaft ist, ob das Erfordernis der „Buchwertverknüpfung über die Grenze" in § 23 Abs. 4 S. 1 UmwStG für die steuerneutrale Behandlung des Anteilstauschs im EU-Bereich mit der Fusionsrichtlinie vereinbar ist[211]. Nach Art. 8 Abs. 4 FRL[212] wird für die Steuerneutralität der Umstrukturierung lediglich verlangt, dass der einbringende Gesellschafter den erworbenen Anteilen keinen höheren steuerlichen Wert beimisst, als den eingebrachten Anteilen unmittelbar vor der Fusion, Spaltung oder Anteilstausch beigemessen war. Nach h.M. müsse es für die gewinnneutrale Einbringung von Kapitalgesellschaftsanteilen nach § 23 Abs. 4 UmwStG genügen, wenn die bisherigen Buchwerte oder die Anschaffungskosten der eingebrachten Anteile bei den erworbenen Anteilen fortgeführt werden. Die darüber hinaus gehende Verpflichtung der übernehmenden Gesellschaft zum Ansatz der Buchwerte der eingebrachten Anteile als Voraussetzung für die steuerneutrale Einbringung nach § 23 UmwStG widerspreche hingegen der Fusionsrichtlinie und sei deshalb europarechtswidrig[213]. Dieser Auffassung schließt sich das Institut „Finanzen und Steuern" an. Auch wenn die SE in einem Mitgliedstaat ihren Sitz hat, der keine Übernahme der eingebrachten Anteile zu Buchwerten vorsieht (z.B. Niederlande, Großbritannien und Irland[214]), muss nach der Fusionsrichtlinie eine Holding-SE steuerneutral gegründet werden können.

---

[210] Kenter/Brendt, IWB 2004, Gruppe 2, S. 621, 626.

[211] Patt in: Dötsch/Eversberg/Jost/Pung/Witt, § 23 UmwStG n.F. Tz. 114; Thömmes, DStR 1998, Beilage zu Heft 17, S. 47.

[212] In der Fassung vom 17.2.2005.

[213] FG Baden-Württemberg, Urt. v. 17.2.2005, 6 K 209/02, IStR 2005, S. 278; Schmitt in: Schmitt/Hörtnagl/Stratz, § 23 UmwStG Rz. 10, 92; Jacobs, Internationale Unternehmensbesteuerung, S. 1134; Förster/Lange, DB 2002, S. 288, 293; Thömmes, DStR 1998, Beilage zu Heft 17, S. 47; Herzig, DB 2000, S. 2236, 2242, 2243; Bogenschütz, IStR 2000, S. 609, 613, 617.

[214] Jacobs, Internationale Unternehmensbesteuerung, S. 173; Herzig, DB 2000, S. 2236, 2243; Bogenschütz, IStR 2000, S. 609, 613. Eine Buchwertfortführung wird nur in Frankreich und Österreich verlangt, allerdings wirkt sich in Österreich der Ansatz bei der aufnehmenden Gesellschaft nicht auf die Besteuerung des Einbringenden aus (vgl. FG Baden-Württemberg, Urt. v. 17.2.2005, 6 K 209/02, IStR 2005, S. 278, 280).

Die Problematik der doppelten Buchwertverknüpfung bei § 23 Abs. 4 UmwStG entsteht nur bei natürlichen Personen als Einbringende und sollte vom Gesetzgeber aufgehoben werden. Den natürlichen Personen bleibt nur die Möglichkeit, eine Rücklage nach § 6b Abs. 10 EStG zu bilden, wenn die Voraussetzungen einer ertragsteuerneutralen Gründung nicht erfüllt werden, die ausländische SE die steuerlichen Buchwerte also nicht fortführt und die in den eingebrachten Anteilen enthaltenen stillen Reserven steuerpflichtig unter den Voraussetzungen der §§ 17, 3 Nr. 40 c EStG aufgedeckt werden müssen. Körperschaften als Einbringende unterliegen hingegen generell dem Steuerprivileg des § 8b Abs. 2 KStG[215].

Sind die Voraussetzungen einer ertragssteuerneutralen Gründung erfüllt, kann diese noch nachträglich entfallen. Veräußert die SE innerhalb eines Zeitraums von sieben Jahren nach der Einbringung die eingebrachten Anteile, müssen diese grundsätzlich nach § 26 Abs. 2 UmwStG nachversteuert werden. Diese Nachversteuerung ist nicht unbedenklich. Nach Art. 11 Abs. 1 a FRL kann ein Mitgliedstaat die Anwendung der Fusionsrichtlinie ganz oder teilweise versagen oder rückgängig machen, wenn die Fusion, Spaltung, Abspaltung, Einbringung von Unternehmensteilen, der Austausch von Anteilen oder die Verlegung des Sitzes einer SE oder einer SCE als hauptsächlichen Beweggrund oder als einen der hauptsächlichen Beweggründe die Steuerhinterziehung oder -umgehung hat. Vom Vorliegen eines solchen Beweggrundes kann ausgegangen werden, wenn einer der in Art. 1 FRL genannten Vorgänge nicht auf vernünftigen wirtschaftlichen Gründen – insbesondere der Umstrukturierung oder der Rationalisierung der beteiligten Gesellschaften – beruht. Die Regelung zielt darauf ab, möglichen Missbräuchen, die mit einer raschen Weiterveräußerung der im Gegenzug erhaltenen Anteile einhergehen, wirksam zu begegnen[216].

Eine Versagung der Richtlinienvergünstigungen unter Berufung auf Art. 11 Abs. 1 a FRL setzt jedoch eine strenge Einzelfallbetrachtung voraus[217]. Deshalb verstößt die pauschale Missbrauchsvermutung, wie

---

[215] Kenter/Brendt, IWB 2004, Gruppe 2, S. 621, 627.
[216] FG Baden-Württemberg, Urt. v. 17.2.2005, 6 K 209/02, IStR 2005, S. 278. 280.
[217] Saß, DB 1997, S. 2250; Thömmes, DStR 1998, Beilage zu Heft 17, S. 47, 50

sie in § 26 Abs. 2 UmwStG für eine Weiterveräußerung innerhalb von sieben Jahren aufgestellt werden, nach h.M. gegen die Fusionsrichtlinie[218].

dd) Einbringende im DBA-Ausland

Deutsches Steuerrecht gilt aufgrund der dem Art. 13 Abs. 4 OECD-MA entsprechenden DBA-Regeln grundsätzlich nicht, wenn die einbringende Gesellschaft ihren Sitz im DBA-Ausland hat. Ausnahmsweise können jedoch die Buchwerte steuerneutral nach deutschem Steuerrecht fortgeführt werden, wenn der ausländische Gründer in Deutschland eine Betriebsstätte unterhält, die auch nach der Gründung der Holding-SE fortbesteht[219].

ee) Einbringende im Nicht-DBA-Ausland

Hat der Einbringende im Nicht-DBA-Ausland seinen Sitz, ist eine steuerneutrale Gründung nach deutschem Steuerrecht (§ 23 Abs. 4 i.V.m. § 20 Abs. 1 S. 2 UmwStG) nur dann möglich, wenn der Einbringende an einer in Deutschland ansässigen Gründungsgesellschaft beteiligt ist und die Holding-SE in Deutschland entsteht[220].

Dagegen führt die Gründung der Holding-SE im Ausland zu einer Lösung aus der beschränkten Steuerpflicht und der damit verbundenen steuerlichen Entstrickung gemäß § 49 Abs. 1 Nr. 2 e bzw. Nr. 8 i.V.m. § 6 Abs. 6 EStG[221].

---

jeweils mit Verweis auf das EuGH-Urteil v. 17.7.1997, Rs. C-28/95, Leur-Bloem, IStR 1997, S. 539.

[218] Schmitt in: Schmitt/Hörtnagl/Stratz, § 26 UmwStG Rz. 38; Jacobs, Internationale Unternehmensbesteuerung, S. 172, 1135; Thömmes, DStR 1998, Beilage zu Heft 17, S. 47, 50; Saß, DB 1997, S. 2250, 2251 f.

[219] Kenter/Brendt, IWB 2004, Gruppe 2, S. 621, 626.

[220] Kenter/Brendt, IWB 2004, Gruppe 2, S. 621, 626.

[221] Kenter/Brendt, IWB 2004, Gruppe 2, S. 621, 626 f.

b) Tochter-SE
aa) Entstehung

Gemäß Art. 2 Abs. 3 SE-VO können Gesellschaften i.S.d. Art. 48 Abs. 2 EGV (also auch Personengesellschaften) sowie juristische Personen des öffentlichen oder privaten Rechts, die nach dem Recht eines Mitgliedstaats gegründet worden sind und ihren Sitz sowie ihre Hauptverwaltung in der EU haben, eine Tochter-SE durch Zeichnung ihrer Aktien gründen, sofern mindestens zwei von ihnen dem Recht verschiedener Mitgliedstaaten unterliegen oder seit mindestens zwei Jahren eine dem Recht eines anderen Mitgliedstaats unterliegende Tochtergesellschaft oder eine Zweigniederlassung in einem anderen Mitgliedstaat haben. Die Tochter-SE entsteht gemäß Art. 35 und 36 SE-VO nach den Vorschriften über die Gründung einer Tochtergesellschaft als AG nationalen Rechts. Im Unterschied zur Holding-SE sind Einbringende bei der Gründung einer Tochter-SE nicht die einzelnen Gesellschafter, sondern die betreffenden Gesellschaften selbst. Durch Einzelrechtnachfolge werden Bar- oder Sacheinlagen in die neu zu gründende Tochter-SE geleistet.

bb) Ertragsteuerliche Auswirkungen
(1) Geltungsbereich der Fusionsrichtlinie im Verhältnis zum deutschen Recht

Werden mehrheitsvermittelnde Anteile an einer Kapitalgesellschaft in die Tochter-SE eingelegt, liegt ein „Austausch von Anteilen" im Sinne von Art. 2 d FRL vor. Werden Sacheinlagen in Gestalt eines Betriebs oder Teilbetriebs im Sinne des Art. 2 i FRL geleistet, handelt es sich um eine „Einbringung von Unternehmenteilen" im Sinne von Art. 2 c FRL. Für diese Fallgruppen ermöglicht die Fusionsrichtlinie eine steuerneutrale Gründung, wenn eine spätere Nachversteuerung gewährleistet ist.

Auf Gesellschaftsebene erlauben Art. 4 und 9 FRL die steuerneutrale grenzüberschreitende Sacheinlage bei kontinuierlicher Steuerverstrickung und Buchwertfortführung der übernehmenden Gesellschaft. Im deutschen Recht ist dieser Fall in § 23 Abs. 1 bis 3 UmwStG erfasst.

Eine unbeschränkt körperschaftsteuerpflichtige Kapitalgesellschaft, die ihren Betrieb oder einen Teilbetrieb in eine im EU-Ausland ansässige Tochter-SE einbringt, kann nach § 23 Abs. 1 i.V.m. § 20 Abs. 2 S. 1 bis 4 und 6, Abs. 4 S. 1, Abs. 5 S. 2, Abs. 7 und 8 UmwStG eine SE steuerneutral[222] gründen, wenn das in der Tochter-SE eingebrachte Vermögen nach der Einbringung zu einer inländischen Betriebsstätte der aufnehmenden Tochter-SE gehört.

Bilden die eingebrachten Wirtschaftsgüter keinen Betrieb oder Teilbetrieb im Sinne des Art. 2 i FRL, entfaltet die Fusionsrichtlinie keinen Schutz vor Besteuerung. An die Stelle der Fusionsrichtlinie rücken die allgemeinen Gewinnermittlungsvorschriften der Mitgliedstaaten. Nach deutschem Recht kommt es insoweit zu einer Aufdeckung der stillen Reserven nach § 6 Abs. 6 EStG i.V.m. § 8 Abs. 1 KStG. Die Fusionsrichtlinie gilt auch nicht, wenn das Mehrstaatlichkeitserfordernis nach Art. 1 FRL nicht eingehalten wird. Das ist bei einer Sitzidentität von Tochter-SE und Gründungsgesellschaft der Fall. Schließlich wird der Schutzbereich der Fusionsrichtlinie verlassen, wenn Personenhandelsgesellschaften im Sinne des Art. 48 Abs. 2 EGV an der Gründung einer Tochter-SE nach Art. 2 Abs. 3 SE-VO beteiligt sind. Personenhandelsgesellschaften sind in der Liste der Gesellschaften im Sinne von Art. 3 a FRL nicht enthalten und genießen daher nicht die Rechte der Fusionsrichtlinie[223].

(2)   Nationales Steuerrecht
(a)   Übertragung einzelner Wirtschaftsgüter

Das deutsche Steuerrecht kennt keine Steuerneutralität des Gründungsakts, wenn die Tochter-SE durch Übertragung einzelner Wirtschaftsgüter gegründet wird. Die Übertragung einzelner Wirtschaftsgüter gegen Gewährung von Anteilen an der SE stellt einen tauschähnlichen Vorgang dar. In Höhe der Differenz zwischen gemeinem Wert und Buchwert der eingebrachten Wirtschaftsgüter werden stille Reserven realisiert und sind somit zu versteuern, und zwar entweder

---

[222] Horn DB, S. 147, 153.
[223] Vgl. Buchstabe e des Anhangs der Fusionsrichtlinie, ABl. EU L 58 v. 4.3.2005, S. 19, 26; Kenter/Brendt, IWB 2004, Gruppe 2, S. 621, 628.

nach § 6 Abs. 6 S. 1 EStG oder bei fehlender Gegenleistung nach § 6 Abs. 6 S. 2 EStG (verdeckte Einlage)[224].

Inwieweit deutsches oder ausländisches Steuerrecht gilt, hängt davon ab, ob inländische oder ausländische Wirtschaftsgüter übertragen werden. Werden inländische Wirtschaftsgüter übertragen, gilt im Falle der unbeschränkten Einkommen- bzw. Körperschaftsteuerpflicht unmittelbar deutsches Steuerrecht. Bei beschränkter Einkommen- bzw. Körperschaftsteuerpflicht gilt im Verhältnis zu DBA-Staaten nur dann deutsches Steuerrecht, wenn die DBA-Voraussetzungen für einen deutschen Steuerzugriff nach Art. 13 Abs. 1 bzw. Abs. 2 OECD-MA erfüllt sind. Bei eingebrachten Wirtschaftgütern aus dem DBA-Ausland weisen Art. 13 Abs. 1 i.V.m. Art. 6 OECD-MA oder Art. 13 Abs. 2 i.V.m. Art. 7 OECD-MA das Besteuerungsrecht den Belegenheitsstaaten zu. Nur wenn die Erfordernisse des Art. 13 Abs. 1 und 2 OECD-MA nicht eingehalten werden, kann bei der Einbringung eines Wirtschaftsguts aus dem DBA-Ausland das Besteuerungsrecht Deutschland nach Art. 13 Abs. 4 OECD-MA gebühren mit der Möglichkeit eines Steuerzugriffs nach § 6 Abs. 6 EStG.

Werden im Falle der unbeschränkten Steuerpflicht Wirtschaftsgüter aus dem Nicht-DBA-Ausland eingebracht, gelten die allgemeinen deutschen Steuergrundsätze, wobei die ausländische Steuer über § 34 c EStG bzw. § 26 KStG berücksichtigt wird. Bei beschränkter Einkommen- bzw. Körperschaftsteuerpflicht gilt in diesem Fall ebenfalls deutsches Steuerrecht, wenn der Einbringende in Deutschland belegenes Grundvermögen oder Vermögen einer inländischen Betriebsstätte überträgt. Wird ausländisches Vermögen übertragen, hat der deutsche Fiskus kein Besteuerungsrecht[225].

---

[224] Förster/Lange, DB 2002, S. 288, 293; Kenter/Brendt, IWB 2004, Gruppe 2, S. 621, 629.

[225] Kenter/Brendt, IWB 2004, Gruppe 2, S. 621, 629 f.

(b) Übertragung mehrheitsvermittelnder Anteile an Kapitalgesellschaften

Durch Übertragung mehrheitsvermittelnder Anteile an Kapitalgesellschaften kann eine Tochter-SE ertragsteuerneutral nach § 23 Abs. 4 UmwStG i.V.m. § 20 Abs. 1 S. 2 UmwStG gegründet werden. Bei beschränkt Steuerpflichtigen als Einbringenden gilt deutsches Steuerrecht nur dann, wenn mehrheitsvermittelnde Anteile an einer inländischen Kapitalgesellschaft bestehen und die Einbringenden ihren Sitz in einem Nicht-DBA-Land haben. Unter den Voraussetzungen der §§ 23 Abs. 4 und 20 Abs. 1 S. 2 UmwStG müssen dabei zur Wahrung der Steuerneutralität des Gründungsakts die Anteile auf eine SE mit Sitz in Deutschland übertragen werden[226].

(c) Übertragung eines Mitunternehmeranteils, Betriebs oder Teilbetriebs durch Kapitalgesellschaften
(aa) Einbringende Kapitalgesellschaft in Deutschland

Die Übertragung eines Mitunternehmeranteils, Betriebs oder Teilbetriebs aus dem Inland oder aus dem Nicht-DBA-Ausland durch eine Kapitalgesellschaft in Deutschland führt zur Anwendung deutschen Steuerrechts, unabhängig davon, ob die SE in Deutschland oder im Ausland gegründet wird.

Wird ein inländischer Mitunternehmeranteil, Betrieb oder Teilbetrieb durch eine in Deutschland ansässige Kapitalgesellschaft übertragen, wird die Steuerneutralität nach § 20 Abs. 1 S. 1 i.V.m. § 20 Abs. 2 S. 1 UmwStG gewahrt, wenn die SE in Deutschland entsteht. Wird dagegen die SE im Ausland gegründet, werden die stillen Reserven steuerpflichtig aufgedeckt (§ 6 Abs. 6 EStG).

Wird ein Mitunternehmeranteil, Betrieb oder Teilbetrieb aus dem Nicht-DBA-Ausland durch eine deutsche Kapitalgesellschaft übertragen, wird ebenfalls die Steuerneutralität nach § 20 Abs. 1 S. 1 UmwStG gewahrt, wenn die SE in Deutschland gegründet wird; ent-

---

[226] Kenter/Brendt, IWB 2004, Gruppe 2, S. 621, 630.

steht die SE im Ausland, kann der deutsche Fiskus auf die stillen Reserven nach § 6 Abs. 6 EStG zugreifen.

Stammt der durch eine inländische Kapitalgesellschaft übertragene Mitunternehmeranteil, Betrieb oder Teilbetrieb aus dem DBA-Ausland, kommt ausländisches Recht nach Maßgabe der DBA zur Anwendung. Wegen der dem Art. 13 Abs. 1 und 2 OECD-MA entsprechenden Abkommensbestimmungen hat der deutsche Fiskus kein Besteuerungsrecht[227].

(bb) Einbringende Kapitalgesellschaft im Ausland

Die Übertragung eines inländischen Mitunternehmeranteils durch eine ausländische Kapitalgesellschaft führt zur steuerpflichtigen Aufdeckung der stillen Reserven gemäß § 6 Abs. 6 EStG, unabhängig davon, ob die SE in Deutschland oder im Ausland gegründet wird. Entsteht die SE in Deutschland, scheitert ein ertragsteuerneutraler Gründungsakt an § 20 Abs. 3 UmwStG (kein deutsches Besteuerungsrecht aufgrund der DBA). Wird die SE im Ausland gegründet, steht der Steuerneutralität § 20 Abs. 1 S. 1 UmwStG entgegen, wonach das Betriebsvermögen in eine unbeschränkt körperschaftsteuerpflichtige Kapitalgesellschaft eingebracht sein muss[228].

Die Übertragung eines Mitunternehmeranteils aus dem DBA- oder Nicht-DBA-Ausland durch eine Kapitalgesellschaft aus dem Ausland beurteilt sich nach ausländischem Recht.

Gemäß § 23 Abs. 2 UmwStG kann inländisches Betriebsstättenvermögen im Rahmen der Einbringung eines Betriebs oder Teilbetriebs auf eine in Deutschland ansässige SE ertragsteuerlich neutral übertragen werden, wenn die ausländische einbringende Körperschaft eine EU-Kapitalgesellschaft ist. Nach § 26 Abs. 2 UmwStG entfällt jedoch der Buchwertansatz rückwirkend, wenn die einbringende Kapitalgesellschaft ihre Anteile an der Tochter-SE innerhalb von sieben Jahren veräußert, es sei denn, der Steuerpflichtige weist nach, dass es sich um

---

[227] Kenter/Brendt, IWB 2004, Gruppe 2, S.621, 630.
[228] Kenter/Brendt, IWB 2004, Gruppe 2, S.621, 630 f.

einen nach § 23 Abs. 4 UmwStG begünstigten Austausch von Anteilen handelt.

In Deutschland steuerverhaftete Beteiligungen an Kapitalgesellschaften können nach § 8b Abs. 2 KStG steuerneutral durch unbeschränkt oder beschränkt körperschaftsteuerpflichtige Kapitalgesellschaften in eine inländische Tochter-SE eingebracht werden.

Befindet sich der eingebrachte Betrieb oder Teilbetrieb im DBA- oder Nicht-DBA-Ausland, findet ausländisches Recht Anwendung.

(d)   Übertragung durch Personenhandelsgesellschaften

Wird das Vermögen einer eine SE gründenden Personenhandelsgesellschaft übertragen, können sich Besonderheiten ergeben, die auf dem Transparenzprinzip beruhen. Danach wird die Vermögensübertragung steuerlich nicht der Personengesellschaft, sondern ihren Gesellschaftern zugerechnet. Dabei wird unterstellt, dass sowohl der Sitzstaat der Gesellschafter als auch der Sitzstaat der Gesellschaft das Transparenzprinzip anwenden. In den meisten Fallkonstellationen stimmen die steuerlichen Auswirkungen bei der Übertragung durch Personengesellschaften im Großen und Ganzen mit denen bei der Übertragung durch Kapitalgesellschaften überein. Allerdings gilt § 23 UmwStG nicht für Personengesellschaften[229]. Zusätzlich kann § 16 Abs. 1 Nr. 1 EStG – Betriebsveräußerung – zur Anwendung kommen. Folgende Besonderheiten sind daher zu beachten:

Die Übertragung eines Betriebs oder Teilbetriebs aus Deutschland oder aus dem Nicht-DBA-Ausland durch inländische Personengesellschafter führt zur steuerpflichtigen Aufdeckung der stillen Reserven nach § 6 Abs. 6 EStG und § 16 Abs. 1 EStG. Ebenfalls nach § 6 Abs. 6 und § 16 Abs. 1 EStG richtet sich die Übertragung eines inländischen Mitunternehmeranteils, Betriebs oder Teilbetriebs, und zwar unabhängig davon, ob die SE in Deutschland oder im Ausland entsteht[230].

---

[229]   Kenter/Brendt, IWB 2004, Gruppe 2, S.621, 632.
[230]   Kenter/Brendt, IWB 2004, Gruppe 2, S.621, 632.

c) Formwechselnde Umwandlung
aa) Entstehung

Gemäß Art. 2 Abs. 4 SE-VO kann eine Aktiengesellschaft, die nach dem Recht eines Mitgliedstaats gegründet worden ist und ihren Sitz sowie ihre Hauptverwaltung in der Gemeinschaft hat, in eine SE umgewandelt werden, wenn sie seit mindestens zwei Jahren eine dem Recht eines anderen Mitgliedstaats unterliegende Tochtergesellschaft hat. Gemäß Art. 37 Abs. 2 SE-VO führt die Umwandlung weder zur Auflösung der nationalen Körperschaft noch zur Gründung einer neuen juristischen Person. Einzelheiten der Umwandlung sind in den Absätzen 3 bis 9 des Art. 37 SE-VO geregelt.

bb) Steuerrechtliche Konsequenzen

Da die formwechselnde Umwandlung keinen Vermögensübertragungsakt bewirkt und die Identität der AG oder GmbH bewahrt, besteht aus europäischer Sicht keine Notwendigkeit, diese Gründungsform einer Steuerregelung zu unterwerfen. Die Fusionsrichtlinie behandelt demzufolge diesen Sachverhalt nicht.

Auch nach deutschem Gesellschaftsrecht bleibt die Identität der nationalen Gesellschaft erhalten (§§ 1, 3 und 190 ff. UmwG). Eine Besteuerung der formwechselnden Umwandlung ist daher auch im UmwStG nicht vorgesehen. Nach der Umwandlung bleibt die unbeschränkte Körperschaftsteuerpflicht der AG oder GmbH erhalten, so dass die im Betriebsvermögen der formwechselnden Kapitalgesellschaft enthaltenen stillen Reserven dem Fiskus nicht verloren gehen. Gleiches gilt für die SE. Die Gründung einer Umwandlungs-SE führt zu keinem Rechtsträgerwechsel und löst daher keine neuen ertrags- und verkehrssteuerlichen Rechtsfolgen aus. Es bleibt bei der vor der Umwandlung bestehenden Steuerpflicht in dem Staat, in dem die Umwandlungs-SE entstanden ist[231].

---

[231] Thömmes in: Theisen/Wenz, Die Europäische Aktiengesellschaft, S. 465, 528; Kenter/Brendt, IWB 2004, Gruppe 2, S. 621, 633; Kessler/Achilles/Huck, IStR 2003, S. 715; Horn, DB 2005, S. 147, 153.

II. Steuern bei der Sitzverlegung in andere Mitgliedstaaten
1. Gesellschaftsrechtlicher Charakter

Nach Art. 8 SE-VO kann eine SE ihren Satzungssitz ohne Auflösung und ohne Neugründung über die Grenze identitätswahrend in einen anderen Mitgliedstaat verlegen. Aus Art. 7 SE-VO geht hervor, dass Satzungs- und Verwaltungssitz sich im selben Mitgliedstaat befinden müssen[232]. Ein Auseinanderfallen von Satzungs- und Verwaltungssitz würde den Sanktionsmechanismus des Art. 64 SE-VO auslösen, der als ultima ratio die Liquidation der SE vorsieht. Mit dem zwingenden Erfordernis einer gemeinsamen Sitzverlegung entzieht sich der Verordnungsgeber einer Stellungnahme zu dem im internationalen Gesellschaftsrecht und vor dem EuGH ausgetragenen Streit zwischen Sitz- und Gründungstheorie; denn der Theorienstreit ist nur dann von Relevanz, wenn sich Satzungs- und Verwaltungssitz in verschiedenen Staaten befinden[233]. Da die Art. 7, 8 und 64 SE-VO gerade ein Auseinanderfallen von Satzungs- und Verwaltungssitz nicht dulden, verdrängt die EU-Verordnung als unmittelbar geltendes Recht das Kollisions- und Gesellschaftsrecht der Mitgliedstaaten, so dass die gemeinschaftsrechtlichen Schwierigkeiten bei Anwendung der Sitztheorie (Identitätsverlust und Neugründung) für die SE belanglos sind[234].

---

[232] Allerdings soll nach Art. 69 a SE-VO spätestens fünf Jahre nach Inkrafttreten der Verordnung geprüft werden, ob es zweckmäßig ist, zuzulassen, dass sich die Hauptverwaltung und der Sitz der SE in verschiedenen Mitgliedstaaten befinden.

[233] Saß, DB 2004, S. 2231, 2234.

[234] Die andere Frage, ob sich die aus den Artikeln 7 und 64 SE-VO ergebende Notwendigkeit, Satzungs- und Verwaltungssitz zum Erhalt der SE gemeinsam ins Ausland verlegen zu müssen, gegen die gemeinschaftsrechtliche Niederlassungsfreiheit verstößt, wird zu Recht von der h.M. verneint (vgl. Nachweise zu dieser Streitfrage bei Horn, DB 2005, S. 147, 153; Schön/Schindler, IStR 2004, S. 571, 572). Der EuGH-Rechtsprechung lässt sich in erster Linie entnehmen, dass die Verlegung von Unternehmen ins Ausland nicht zum Untergang der Rechtsform des Ursprungslands und zur Neugründung in Form einer Gesellschaftsform des Zuzugsstaats führen sollte. Diesem Anliegen ist der Verordnungsgeber gerade entgegengekommen, indem er die Bewahrung der Rechtsidentität der SE durch die einheitliche Verlegung von Satzungs- und Verwaltungssitz in einen anderen Mitgliedstaat sichergestellt hat. Die Forderung nach einer einheitliche Sitzverlegung hält sich im Rahmen des Gestaltungsspielraums des Verordnungsgebers, zumal gerade im Sinne der Niederlassungsfreiheit eine Auflösung der Gesellschaftsform verhindert und ein identitätswahren-

2. Besteuerung
a) Änderungen der Fusionsrichtlinie

Durch die am 17.2.2005 erlassene Richtlinie 2005/19/EG zur Änderung der Fusionsrichtlinie von 1990 ist ein neuer Titel IVb eingefügt worden, der Regeln für die Sitzverlegung einer SE oder einer SCE (Societas Cooperativa Europaea - Europäischen Genossenschaft) bereitstellt. Die Bestimmungen sind im Geiste der Niederlassungsfreiheit entstanden. Sie bezwecken, Sitzverlegungen einer SE oder einer SCE nicht durch diskriminierende steuerliche Vorschriften oder durch Beschränkungen, Nachteile und Verzerrungen, die sich aus dem Gemeinschaftsrecht zuwiderlaufenden Steuervorschriften der Mitgliedstaaten ergeben, zu behindern[235].

Nach Art. 10b Abs. 1 FRL sind die stillen Reserven bei einer Sitzverlegung einer SE oder SCE nicht zu versteuern, wenn das Aktiv- und Passivvermögen der Gesellschaft tatsächlich weiter einer Betriebsstätte dieser Gesellschaft im Wegzugsstaat zugerechnet bleibt und zur Erzielung des steuerlich zu berücksichtigenden Ergebnisses beiträgt. Darüber hinaus setzt die Steuerneutralität der Sitzverlegung nach Art. 10b Abs. 2 FRL voraus, dass die SE oder SCE die neuen Abschreibungen und späteren Wertsteigerungen oder Wertminderungen dieses Vermögens so berechnet, als habe sie den Sitz nicht verlegt oder aufgegeben.

Nach Art. 10c Abs. 1 FRL haben die Mitgliedstaaten sicherzustellen, dass Rückstellungen und Rücklagen, die von der SE oder SCE vor der Verlegung des Sitzes ordnungsgemäß gebildet wurden und ganz oder teilweise steuerbefreit sind sowie nicht aus Betriebsstätten im Ausland stammen, von einer Betriebsstätte der SE oder SCE im Wegzugsstaat mit der gleichen Steuerbefreiung übernommen werden können.

---

der Umzug in einen anderen Mitgliedstaat ermöglicht wird.
[235] Erwägungsgrund 6 der geänderten Fusionsrichtlinie vom 17.2.2005; Kessler/Huck/Obser/Schmalz, DStZ 2004, S. 855, 858.

Art. 10c Abs. 2 FRL regelt die Möglichkeit einer Verlustübernahme. Voraussetzung hierfür ist, dass Gesellschaften, die ihren Sitz innerhalb eines Mitgliedstaats verlegen, das Recht hätten, steuerlich noch nicht berücksichtigte Verluste vor- oder rückzutragen. Ist dieser Fall gegeben, muss der betreffende Mitgliedstaat auch der in seinem Gebiet gelegenen Betriebsstätte der SE oder SCE, die ihren Sitz verlegt, die Übernahme der steuerlich noch nicht berücksichtigten Verluste der SE bzw. der SCE gestatten.

Bezogen auf die Gesellschafter der SE oder SCE löst die Sitzverlegung nach Art. 10d Abs. 1 FRL keinen steuerpflichtigen Veräußerungsgewinn aus. Auf der anderen Seite dürfen die Mitgliedstaaten nach Art. 10d Abs. 2 FRL den Gewinn aus einer späteren Veräußerung der Anteile am Gesellschaftskapital der ihren Sitz verlegenden SE bzw. SCE besteuern.

Die Mitgliedstaaten müssen die in der Fusionsrichtlinie enthaltenen Regelungen über die Verlegung des Sitzes einer SE oder einer SCE bis zum 1.1.2006 in ihr nationales Recht umgesetzt haben. In Deutschland ist bislang in dieser Sache noch nichts geschehen.

b)   Nationales Steuerrecht
aa)   Probleme mit dem Gemeinschaftsrecht

Im deutschen Steuerrecht ist für Sitzverlegungen ins Ausland der problematische § 12 Abs. 1 S. 1 i.V.m. § 11 KStG einschlägig. Steuerliche Belastungen beim Wegzug von natürlichen oder juristischen Personen stehen vor dem Hintergrund der EuGH-Rechtsprechung zur Niederlassungsfreiheit generell im Verdacht, gemeinschaftswidrig zu sein[236]. Die jüngste Entscheidung des EuGH sah in der französischen Regelung zur Wegzugsbesteuerung von natürlichen Personen einen

---

[236] Vgl. IFSt-Schrift Nr. 407, Auswirkungen der EuGH-Rechtsprechung auf deutsche Steuervorschriften, S. 40 f, Verfasser: Laule; Hey, StuW 2004, S. 193, 195; Thiel, DB 2004, S. 2603, 2609; Kessler/Huck/Obser/Schmalz, DStZ 2004, S. 855, 856; Horn, DB 2005, S. 147, 153.

Verstoß gegen die Niederlassungsfreiheit gemäß Art. 43 EGV[237]. Daraufhin hat die Europäische Kommission Deutschland förmlich aufgefordert, die Wegzugsbesteuerung natürlicher Personen gemäß § 6 AStG aufzuheben[238]. Ob sich aus dem EuGH-Urteil „Hughes de Lasteyrie du Saillant" auch die Gemeinschaftswidrigkeit der Wegzugsbesteuerung von Kapitalgesellschaften ergibt, ist unklar[239].

Auch für den Bereich der SE zeichnet sich eine „Unverträglichkeit" des § 12 Abs. 1 KStG mit dem Gemeinschaftsrecht ab. Nach der gesellschaftsrechtlichen Konzeption der SE-Verordnung kann eine SE ohne Auflösung und ohne Verlust der Rechtspersönlichkeit ihren Sitz über die Grenze verlegen. Dem widerspricht die steuerliche Bestimmung des § 12 Abs. 1 KStG, die bei einer Sitzverlegung einer Kapitalgesellschaft ins Ausland zu einer Besteuerung nach Liquidationsgrundsätzen im Sinne von § 11 KStG führt. Das deutsche Steuerrecht geht also in einer mit dem Gemeinschaftsrecht kaum zu vereinbarenden Weise von einer Auflösung der Kapitalgesellschaft aus[240]. Darüber hinaus besteht auch eine Divergenz zur Fusionsrichtlinie, nach der die Besteuerung der stillen Reserven bei einer Sitzverlegung aufgeschoben werden soll, wenn das Aktiv- und Passivvermögen der jeweiligen Gesellschaft tatsächlich weiter einer Betriebsstätte des Mitgliedstaates zugerechnet werden kann, in dem die Gesellschaft vor der Sitzverlegung ansässig war. Demnach stellt die deutsche Wegzugsbesteuerung einen fortbestehenden Hinderungsgrund für die grenzüberschreitende Sitzverlegung einer SE dar, was weder mit den Grundge-

---

[237] „Hughes de Lasteyrie du Saillant", EuGH, Urt. v. 11.3.2004, Rs. C-9/02, GmbHR 2004, 504. Die Entscheidung bezog sich zwar auf den Wegzug natürlicher Personen, sie dürfte aber auch auf Personen- und Kapitalgesellschaften übertragbar sein, für die die Niederlassungsfreiheit gleichermaßen nach Art. 48 EGV gilt (Becker, GmbHR 2004, R 213). In anderen EuGH-Entscheidungen wurden Zuzugsregelungen als europarechtswidrig eingestuft: „Inspire Art", EuGH v. 30.9.2003, Rs. C -167/01, GmbHR 2003, S. 1260; „Centros", EuGH v. 9.3.1999, Rs. C-212/97, NJW 1999, S. 2027, und „Überseering", EuGH v. 5.11.2002, Rs. C-208/00, BB 2002, S. 2402.

[238] Pressenotiz, IStR 2004, Heft 9, S. III.

[239] Für eine Übertragung auf juristische Personen: Schaumburg in: Festschrift für Wassermeyer, S. 411, 413; Horn, DB 2005, S. 147, 153.

[240] IFSt-Schrift Nr. 407, Auswirkungen der EuGH-Rechtsprechung auf deutsche Steuervorschriften, S. 40, Verfasser: Laule; gleichfalls skeptisch Wassermeyer, GmbHR 2004, S. 613, 617; v. Lishaut, FR 2004, S. 1301, 1306.

danken der Niederlassungsfreiheit des EGV noch mit denjenigen der Fusionsrichtlinie zu vereinbaren ist[241].

bb)　Wegzug

Nach § 12 Abs. 1 S. 1 KStG gelten die Grundsätze der Liquidationsbesteuerung (§ 11 KStG), d.h., stille Reserven werden besteuert, wenn eine unbeschränkt steuerpflichtige Körperschaft ihre Geschäftsleitung und ihren Sitz oder eines von beiden ins Ausland verlegt und dadurch aus der unbeschränkten Steuerpflicht ausscheidet. Eine unmittelbare Anwendung des § 11 KStG scheidet aus, da die SE bei einer Verlegung ihres Sitzes nicht liquidiert wird, sondern ihre Rechtspersönlichkeit behält. Nach dem Wortlaut des § 12 Abs. 1 KStG wären also die Voraussetzungen einer Wegzugsbesteuerung bei einer Verlegung des Sitzes einer deutschen SE ins Ausland erfüllt[242].

Allerdings ist fraglich, ob diese Rechtsfolge mit dem Zweck des § 12 Abs. 1 KStG zu vereinbaren ist. Mit der Vorschrift soll vermieden werden, dass das Ausscheiden eines fortbestehenden Rechtsträgers aus der inländischen Besteuerungssphäre zur endgültigen Nichterfassung der stillen Reserven in Deutschland führt[243]. Ziel ist es, die im inländischen Betriebsvermögen enthaltenen stillen Reserven in dem Zeitpunkt aufzudecken, in dem dies innerhalb Deutschlands letztmalig möglich ist[244].

Mit Blick auf diesen Zweck ist der Anwendungsbereich des § 12 Abs. 1 KStG nach seinem Wortlaut zu weit gefasst. Eine Wegzugsbesteuerung erscheint nicht sachgerecht, wenn im Inland ein späterer Steuerzugriff auch nach der Sitzverlegung noch möglich ist. Dies ist der Fall, wenn im Inland nach dem Wegzug der Kapitalgesellschaft eine

---

[241]　Jacobs, Internationale Unternehmensbesteuerung, S. 189; vgl. auch v. Lishaut, FR 2004, 1301, 1306.

[242]　Rödder, DStR 2005, S. 893, 898.

[243]　Hofmeister in: Festschrift für Wassermeyer, S. 437, 438; Kessler/Huck/Obser/Schmalz, DStZ 2004, S. 813, 818.

[244]　BFH, Urt. v. 30.10.1973, I R 38/70, BStBl. II 1974, S. 255, 256; Thiel, DB 2004, S. 2603, 2608.

Betriebsstätte verbleibt und die Wirtschaftsgüter, in denen sich die stillen Reserven verbergen, dieser Betriebsstätte zuzurechnen sind[245]. Die ins Ausland „umgezogene" Kapitalgesellschaft unterliegt dann mit ihren Einkünften aus der inländischen Betriebsstätte der beschränkten Steuerpflicht (§ 2 KStG i.V.m. § 49 Abs. 1 Nr. 2 a EStG). Auch abkommensrechtlich gehen dem deutschen Fiskus die stillen Reserven nicht verloren (vgl. Art. 7 Abs. 1 und 13 Abs. 2 OECD-MA).

Mit Rücksicht hierauf wird im Schrifttum die Auffassung vertreten, der Anwendungsbereich des § 12 Abs. 1 KStG sei insoweit durch eine teleologische Reduktion einzuschränken. Danach wäre die Vorschrift nicht anzuwenden, wenn bereits vor dem Wegzug kein Besteuerungsrecht bestand (z.B. bei innerstaatlichen Steuerbefreiungen wie § 8b Abs. 2 KStG oder bei DBA-rechtlichen Freistellungen von ausländischem Betriebsvermögen) oder wenn ein bestehendes Besteuerungsrecht weiterhin aufrechterhalten bleibt (z.B. bei fortgesetzter Verstrickung in einem inländischen Betriebsstättenvermögen)[246]. Diese Auffassung verdient Zustimmung. Eine teleologische Auslegung des Gesetzeswortlauts nach Maßgabe des Regelungsgrunds der Vorschrift ist deshalb in den Fällen geboten, in denen das deutsche Steuersubstrat nicht gefährdet ist.

Abzulehnen ist also die Gegenansicht, der auch die Finanzverwaltung anhängt, dass § 12 Abs. 1 KStG bei einer Sitzverlegung ins Ausland auch dann anzuwenden sei, wenn eine Betriebsstätte im Inland verbleibt, weil nach dem Wortlaut der Vorschrift die Frage der Steuerverhaftung der stillen Reserven unerheblich sei[247].

Auf der Ebene des Anteilseigners kommt weder § 17 Abs. 4 S. 1 EStG – keine Auflösung – noch § 6 AStG – keine Wohnsitzverlegung der

---

[245] Schaumburg in: Festschrift für Wassermeyer, S. 411, 419.
[246] Thömmes in: Theisen/Wenz, Die Europäische Aktiengesellschaft, S. 465, 534; Schaumburg in: Festschrift für Wassermeyer, S. 411, 419, 424; Kessler/ Achilles/Huck, IStR 2003, S. 715, 718; Kessler/Huck/Obser/Schmalz, DStZ 2004, S. 813, 819; Thiel, DB 2004, S. 2603, 2609.
[247] Hofmeister in: Blümich, § 12 KStG Rz. 13; Dötsch, DB 1989, S. 2296, 2303; Debatin, GmbHR 1991, S.164, 167 f.; Thiel, GmbHR 1994, S. 277, 278.

Anteilseigner – zur Anwendung, so dass hier kein Besteuerungstatbestand erfüllt wird[248].

cc) Zuzug

Auf der Ebene der SE begründet der Zuzug der ausländischen SE nach Deutschland die unbeschränkte Körperschaftsteuerpflicht dieser Gesellschaft nach § 1 Abs. 1 Nr. 1 KStG. Der Zuzug als solcher ist für die Gesellschaft kein steuerpflichtiger Vorgang[249]. § 12 Abs. 2 S. 1 KStG regelt den Fall, dass die inländische Betriebsstätte einer beschränkt steuerpflichtigen Kapitalgesellschaft aufgelöst oder ins Ausland verlegt wird. Eine inländische Betriebsstätte wird hier jedoch weder aufgelöst noch ins Ausland verlegt. Auch ein Steuerzugriff nach § 12 Abs. 2 S. 2 KStG ist von den Voraussetzungen her nicht möglich. Dieser wäre ohnehin nur zulässig, wenn ohne die sofortige Aufdeckung der stillen Reserven das Besteuerungsrecht Deutschlands verloren ginge. Verlegt aber eine im Ausland errichtete SE mit einer inländischen Betriebsstätte ihren Sitz ins Inland, wird aus einer beschränkt steuerpflichtigen eine unbeschränkt steuerpflichtige Gesellschaft, so dass sich das Besteuerungsrecht Deutschlands sogar noch verbessert.

Auf der Ebene der Anteilseigner könnten Steuerfolgen nur bei Aktionären eintreten, die im Ausland ihren Wohnsitz haben. Sofern DBA nicht das deutsche Besteuerungsrecht ausschließen, werden Beteiligungen im Sinne des § 17 i.V.m. § 49 Abs. 1 Nr. 2 e EStG durch den Zuzug steuerverstrickt[250].

dd) Inländische Betriebsstätte und Sitzverlegung im Ausland

Die Sitzverlegung einer SE von einem ausländischen Staat in einen anderen ausländischen Staat mit der Besonderheit, dass die SE eine

---

[248] Kessler/Achilles/Huck, IStR 2003, S. 715, 719; Rödder, DStR 2005, S. 893, 898.

[249] Rödder, DStR 2005, S. 893, 898.

[250] Kessler/Achilles/Huck. IStR 2003, S. 715, 719.

Betriebsstätte in Deutschland hat, ist in Deutschland ohne ertragssteuerliche Konsequenzen.

C. Laufende Unternehmensbesteuerung
I. Behandlung der SE als AG

Speziell für die SE hat Deutschland keine Steuerregelungen geschaffen. Die SE-VO stellt nur ein gesellschaftsrechtliches Grundgerüst dar; Steuervorschriften fehlen darin. Daher richtet sich die laufende Ertragsbesteuerung grundsätzlich nach denselben Normen, wie sie für deutsche Aktiengesellschaften gelten. Auch bei Verkehrs- und Substanzsteuern ergeben sich keine Besonderheiten gegenüber nationalen Aktiengesellschaften[251].

Diese Gleichstellung ergibt sich auch aus den Artikeln 9 und 10 SE-VO. Gemäß Art. 9 Abs. 1 c ii SE-VO unterliegt die SE in Bezug auf die nicht durch diese Verordnung geregelten Bereiche denjenigen Rechtsvorschriften der Mitgliedstaaten, die auf eine nach dem Recht des Sitzstaats der SE gegründete Aktiengesellschaft Anwendung finden würden. Gemäß Art. 10 SE-VO wird eine SE vorbehaltlich der Bestimmungen dieser Verordnung wie eine Aktiengesellschaft behandelt, die nach dem Recht des Sitzstaats der SE gegründet wurde. Eine SE mit Sitz in Deutschland ist demnach ·eine unbeschränkt körperschaftsteuerpflichtige Kapitalgesellschaft im Sinne des § 1 Abs. 1 Nr. 1 KStG, die gemäß § 7 Abs. 1 und 2 sowie § 23 Abs. 1 KStG mit ihrem gesamten Einkommen einer Körperschaftsteuer von 25 % unterliegt.

II. Hereinverschmelzung
1. Gewinne der ausländischen Betriebsstätte

Nach einer Hereinverschmelzung geht das Betriebsvermögen der ausländischen Gesellschaften auf die in Deutschland ansässige SE über. Tatsächlich verbleibt nach der Hereinverschmelzung das ausländische

---

[251] Herzig/Griemla, StuW 2002, S. 55, 57.

Betriebsvermögen dieser Gesellschaften in der Regel im Sitzstaat der übertragenden Gesellschaften und bildet dort ausländische Betriebsstätten. Nach den DBA zwischen Deutschland und den EU-Staaten hat der Betriebsstättenstaat das alleinige Besteuerungsrecht für die in seinem Land befindliche Betriebsstätte (Freistellungsmethode). Gewinne der ausländischen DBA-Betriebsstätte werden daher in Deutschland nicht besteuert[252].

Als praktisch schwierig kann sich jedoch die Gewinnabgrenzung zwischen der inländischen SE und ihren ausländischen Betriebsstätten erweisen. Rechtliche Grundlagen für diese Abgrenzung sind die einschlägigen DBA-Vorschriften (Art. 5 und 7 OECD-MA). Die Verwaltungsmeinung dazu findet sich im so genannten Betriebsstättenerlass[253]. Gegen den Betriebsstättenerlass, der lediglich verwaltungsinterne Wirkung hat, werden im Schrifttum[254] Bedenken geltend gemacht. Er weise Begründungsdefizite und Widersprüche auf. Insbesondere wird gefordert, dass – entsprechend dem Grundsatz, dass Betriebsstätten so zu behandeln seien wie ansässige selbständige Unternehmen – Gewinne bei Betriebsstätten auf die gleiche Weise ermittelt werden wie bei Tochtergesellschaften[255].

Da die Mitgliedstaaten bislang unterschiedliche allgemeine Gewinnermittlungsregeln haben, kann es dazu kommen, dass der Gewinn derselben Betriebsstätte im Staat der SE (bei der Freistellung) anders ausfällt als im Staat der Betriebsstätte. Daher zeichnet sich für die SE trotz ihrer EU-einheitlichen Rechtsform kein einheitliches Bild der Besteuerung ab[256].

---

[252] Grotherr in: Becker/Höppner/Grotherr/Kroppen, DBA, Art. 23 A / 23 B OECD-MA Rz. 13; Thömmes in: Theisen/Wenz, Die Europäische Aktiengesellschaft, S. 465, 543.

[253] Betriebsstättenerlass des BMF v. 24.12.1999, BStBl. I 1999, S. 1076.

[254] Lüdicke, Die Besteuerung von international tätigen Personengesellschaften – geänderte Auffassungen der Finanzverwaltung im Betriebsstättenerlaß und anderen BMF-Schreiben, S. 26, 34; Schaumburg in: Festschrift für Wassermeyer, S. 411, 432 ff.; Kessler/Achilles/Huck, IStR 2003, S. 715, 720.

[255] Kessler/Achilles/Huck, IStR 2003, S. 715, 720.

[256] Thömmes in: Theisen/Wenz, Die Europäische Aktiengesellschaft, S. 465, 543.

2. Verluste der ausländischen Betriebsstätte

Fraglich ist, ob die in der ausländischen Betriebsstätte erlittenen Verluste bei der inländischen SE gewinnmindernd berücksichtigt werden können[257]. Ältere Entwürfe der SE-VO, wie etwa der von 1989[258], sahen für diesen Fall noch einen Verlustausgleich vor[259]. In der 2001 verabschiedeten SE-VO gibt es diese Möglichkeit nicht mehr. Gemeinschaftsrechtlich stellt sich die Situation damit so dar, dass inländische Gewinne der Stammhaus-SE zu versteuern sind, während die Verluste der ausländischen Betriebsstätte bei der SE ignoriert werden dürfen[260].

Bis einschließlich 1998 konnten nach § 2a Abs. 3 EStG a.F. auf Antrag Verluste aus einer ausländischen gewerblichen Betriebsstätte bei der Ermittlung des Gesamtbetrags der Einkünfte abgezogen werden, soweit die Einkünfte aus der im Ausland belegenen Betriebsstätte nach einem Doppelbesteuerungsabkommen von der Einkommensteuer befreit waren (was auf alle deutschen DBA mit anderen EU-Staaten zutrifft). Mit dem Steuerentlastungsgesetz 1999/2000/2002 vom 24.3.1999[261] hob der Gesetzgeber diese Möglichkeit rückwirkend zum 1.1.1999 auf. Da auch auf EU-Ebene keine Regelung hierzu vorankam – der Vorschlag der Kommission für eine Verlustrichtlinie[262] wurde 1998 wieder zurückgezogen[263] –, sieht der deutsche Steuergesetzgeber keinen Anlass, generell Auslandsverluste im Inland als Abzugsposten zu akzeptieren. Gemäß § 2a Abs. 1 Nr. 2 EStG dürfen Verluste aus einer in einem ausländischen Staat belegenen gewerblichen Betriebsstätte nur mit Gewinnen der jeweils selben Art und aus demselben

---

[257] Vgl. zu dieser Problematik: IFSt-Schrift Nr. 421, Inländische Berücksichtigung ausländischer Betriebsstättenverluste, Verfasser: Kessler.

[258] Art. 133 des SE-VO-Entwurfs von 1989, ABl. EG C 263 v. 16.10.1989, S. 41.

[259] Kessler/Achilles/Huck. IStR 2003, S. 715, 720; Schulz/Geismar, DStR 2001, S. 1085.

[260] Thömmes in: Theisen/Wenz, Die Europäische Aktiengesellschaft, S. 465, 544.

[261] BGBl. I 1999, S. 402.

[262] Vorschlag einer Richtlinie des Rates über eine Regelung für Unternehmen zur Berücksichtigung der Verluste ihrer in anderen Mitgliedstaaten belegenen Betriebsstätten und Tochtergesellschaften v. 28.11.1990, ABl. EG C 53 v. 28.2.1991, S. 30.

[263] Röhrbein/Eicker, BB 2005, S, 465.

Staat ausgeglichen werden; sie dürfen auch nicht nach § 10d EStG abgezogen werden. Nur bei bestimmten Tätigkeiten (z.B. Produktionen oder gewissen gewerblichen Leistungen) können ausnahmsweise ausländische Betriebsstättenverluste im Inland berücksichtigt werden (vgl. § 2a Abs. 2 EStG).

Inwieweit die deutsche Betriebsstättenverlustbehandlung gemeinschaftsrechtlich haltbar ist, bleibt abzuwarten. Für den nichtunternehmerischen Bereich lässt der BFH die Nichtberücksichtigung von ausländischen Verlusten aus Vermietung und Verpachtung im Inland (§ 2a Abs. 1 Nr. 4 EStG) vom EuGH gerade überprüfen[264]. Die Schlussanträge des Generalanwalts Philippe Léger sind bereits veröffentlicht, so dass mit einer Entscheidung des EuGH in diesem Jahr zu rechnen ist. Nach dem Leitsatz in den Schlussanträgen sei Art. 48 EWG-Vertrag (jetzt Art. 39 EG-Vertrag) dahin auszulegen, dass es ihm widerspreche, wenn Angehörige eines Mitgliedstaates, die in Deutschland unbeschränkt steuerpflichtig sind und dort Einkünfte aus einer nichtselbständigen Arbeit erzielen, Verluste aus Vermietung und Verpachtung, die in einem anderen Mitgliedstaat entstehen, weil sie dort ihr Einfamilienhaus selbst nutzen, weder bei der Ermittlung ihres in Deutschland zu versteuernden Einkommens noch bei der Berechnung ihres Einkommensteuersatzes in diesem Mitgliedstaat geltend machen können[265].

Inwieweit hieraus Rückschlüsse auf die deutsche Behandlung von ausländischen Betriebsstättenverlusten gezogen werden können, ist gegenwärtig noch nicht geklärt. Thömmes ist der Auffassung, dass der EuGH im „Ritter-Coulais-Fall" voraussichtlich nicht die Frage beantworten wird, ob ausländische Betriebsstättenverluste im Rahmen der inländischen Besteuerung eines Stammhausunternehmens berücksichtigt werden müssten[266]. Dagegen meint Eicker, die Aussagen zu natür-

---

[264] BFH, Vorlagebeschl. v. 13.11.2002, I R 13/02, BFHE 201, S. 73 ff. = BStBl. II 2003, S. 795 ff.

[265] Schlussanträge des Generalanwalts Philippe Léger vom 1.3.2005 in der Rs. C-152/03, Hans-Jürgen und Monique Ritter-Coulais gegen Finanzamt Germersheim, IWB 2005, Fach 11a, S. 839.

[266] Thömmes, Anmerkung zu den Schlussanträgen des Generalanwalts Philippe Léger vom 1.3.2005 in der Rs. C-152/03, Hans-Jürgen und Monique Ritter-Coulais gegen Finanzamt Germersheim, IWB 2005, Fach 11a, S. 845.

lichen Personen im „Ritter-Coulais-Fall" seien auch auf juristische Personen übertragbar, weil auch für das Körperschaftsteuerrecht das Prinzip der Besteuerung nach der Leistungsfähigkeit gelte. Die Nichtberücksichtigung ausländischer Betriebsstättenverluste verletze daher die Niederlassungs- und Kapitalverkehrsfreiheit[267].

Mittlerweile ist allerdings die Rechtsprechung auch mit Sachverhalten aus dem unternehmerischen Bereich konfrontiert worden. In einem Aussetzungsverfahren hat sich im Jahre 2004 das niedersächsische Finanzgericht mit Verlusten aus einer belgischen Betriebsstätte beschäftigt, die in Deutschland nicht anerkannt worden sind. Unter Bezugnahme auf den „Ritter-Coulais-Fall" erschien es dem Gericht ernsthaft zweifelhaft, dass § 2a Abs. 1 Nr. 2 EStG in der seit 1999 geltenden Fassung mit dem Gemeinschaftsrecht vereinbar sei. Für die Nichtabzugsfähigkeit ausländischer Betriebsstättenverluste im Inland komme ein Verstoß gegen die Kapitalverkehrs- und die Niederlassungsfreiheit in Betracht[268].

Es bleibt abzuwarten, ob in diesem Jahr der EuGH auch zu der Frage Stellung nehmen wird, inwieweit ausländische Betriebsstättenverluste bei der inländischen Stammhausbesteuerung aus gemeinschaftsrechtlichen Gründen Anerkennung finden müssen. Bislang gibt es hierzu noch keine eindeutige Rechtsprechung. Das so genannte „AMID-Urteil" betraf eine Regelung, die eine Verlustberücksichtigung für den umgekehrten Fall untersagte. Dabei ging es nicht um Auslandsverluste sondern darum, ob ausländische Betriebsstättengewinne mit Inlandsverlusten verrechnet werden können[269].

---

[267] Eicker, Anmerkung zu den Schlussanträgen des Generalanwalts Philippe Léger vom 1.3.2005 in der Rs. C-152/03, Hans-Jürgen und Monique Ritter-Coulais gegen Finanzamt Germersheim, IStR 2005, S. 238.

[268] Niedersächsisches Finanzgericht, Beschl. v. 14.10.2004, 6 V 655/04, EFG 2005, S. 286 f.

[269] „AMID NV", EuGH, Urt. v. 14.12.2000, Rs. C-141/99, EuGH Slg. 2000-12 (B), I-11619.

III.   Herausverschmelzung
1.   Gewinne der inländischen Betriebsstätte

Bei einer Herausverschmelzung geht das gesamte Betriebsvermögen der inländischen Gesellschaft auf eine in einem anderen Mitgliedstaat errichtete SE über. Die übertragende Gesellschaft erlischt und wird zur inländischen Betriebsstätte der aufnehmenden beschränkt steuerpflichtigen SE. Mit den inländischen in der Betriebsstätte erzielten Einkünften aus Gewerbebetrieb unterliegt die SE gemäß § 49 Abs. 1 Nr. 2 a EStG i.V.m. § 8 Abs. 1 KStG der Besteuerung.

2.   Verluste der inländischen Betriebsstätte

Wenn die inländische Betriebsstätte der ausländischen SE Verluste und die ausländische SE Gewinne erwirtschaftet, richtet sich die Frage der Abziehbarkeit der Verluste bei der SE nach dem Steuerrecht des Sitzstaats der SE. Wendet der Sitzstaat der SE auf ausländische Betriebsstätten ein System der „Weltgewinnbesteuerung" an, werden die Verluste der deutschen Betriebsstätte bei der SE berücksichtigt[270].

Wenn der Sitzstaat der SE die Freistellungsmethode anwendet, hängt die Zulässigkeit einer Verlustberücksichtigung bei der SE von der Existenz einer speziellen, den Verlustabzug ermöglichende Steuerregelung im Sitzstaat der SE ab[271]. Eventuell kann die im Ausland belegene SE die Verluste auch nach § 10d EStG abziehen. Gemäß § 50 Abs. 1 S. 2 EStG ist § 10d EStG bei beschränkt Steuerpflichtigen anzuwenden, wenn die Verluste in wirtschaftlichem Zusammenhang mit inländischen Einkünften stehen. Das weitere gesetzliche Erfordernis, dass sich die Verluste aus im Inland aufbewahrten Unterlagen ergeben müssten, ist als europarechtswidrig einzustufen. Dieser Auffassung hat sich auch die Verwaltung angeschlossen (EStR 223 a).

---

[270] Thömmes in: Theisen/Wenz, Die Europäische Aktiengesellschaft, S. 465, 547.
[271] Beispiel bei Thömmes in: Theisen/Wenz, Die Europäische Aktiengesellschaft, S. 465, 548: Eine deutsche AG wird auf eine niederländische SE verschmolzen. Die SE erwirtschaftet Gewinne, die deutsche Betriebsstätte Verluste. Die Verluste können gemäß Art. 13c des niederländischen Körperschaftsteuergesetzes bei der SE abgezogen werden.

IV. Holding-SE
1. Holding-SE im Inland

Bringen die Gesellschafter ausländischer Kapitalgesellschaften ihre Aktien bzw. Anteile daran in die inländische Holding-SE ein und erhalten im Gegenzug Aktien der Holding-SE, wird die in Deutschland ansässige Holding-SE Muttergesellschaft der übertragenden Gesellschaften. Dividendenzahlungen der übertragenden Gesellschaft an die deutsche Holding-Gesellschaft unterliegen § 8b Abs. 5 KStG. Danach gelten von den Bezügen im Sinne des § 8b Abs. 1 KStG, die bei der Ermittlung des Einkommens nach § 8b Abs. 1 KStG außer Ansatz bleiben, 5 vom Hundert als Ausgaben, die nicht als Betriebsausgaben abgezogen werden dürfen. Diese Regelung führt im Ergebnis dazu, dass sich die Steuerfreiheit auf 95 % der erhaltenen Dividenden beschränkt und 5 % der Dividenden zu versteuern sind[272].

Nach Art. 3 Abs. 1 der im Jahre 2003 geänderten Mutter-Tochter-Richtlinie[273] dürfen Gewinnausschüttungen einer EU-Tochtergesellschaft an ihre Muttergesellschaft nicht mit Quellensteuern belegt werden, wenn die Beteiligung mindestens 20 % ihres Kapitals beträgt. Ab dem 1.1.2007 muss die Muttergesellschaft einen Anteil von wenigstens 15 % am Kapital der Tochtergesellschaft haben und ab dem 1.1.2009 beträgt der Mindestanteil 10 %.

2. Holding-SE im Ausland

Bringen die Gesellschafter inländischer Kapitalgesellschaften (AG oder GmbH) ihre Aktien bzw. Anteile an diesen Gesellschaften in die ausländische Holding-SE ein und erhalten im Gegenzug Aktien der Holding-SE, werden Gewinnausschüttungen der deutschen Kapitalgesellschaften an die ausländische Holding-SE in Deutschland entspre-

---

[272] FG Hamburg, Urt. v. 29.4.2004, VI 53/02, IStR 2004, S. 611; Thömmes in: Theisen/Wenz, Die Europäische Aktiengesellschaft, S. 465, 549.

[273] Richtlinie 2003/123/EG des Rates vom 22.12.2003 zur Änderung der Richtlinie 90/435/EWG über das gemeinsame Steuersystem der Mutter- und Tochtergesellschaften verschiedener Mitgliedstaaten, ABl. EU L 7 v. 13.1.2004, S. 41 ff.

chend der Mutter-Tochter-Richtlinie unter den Voraussetzungen des §
43b EStG nicht mit Kapitalertragsteuer (§ 44 Abs. 1 EStG) belegt[274].

Die der ausländischen Holding-SE zugeflossenen Dividenden werden
von dem jeweiligen Mitgliedstaat entweder steuerfrei gestellt oder die
deutsche Kapitalertragsteuer, sofern sie erhoben würde, wird angerechnet[275]. So wenden insbesondere die Beneluxstaaten sowie Finnland, Schweden, Frankreich, Griechenland, Italien, Österreich, Portugal und Spanien als Ausgangspunkt die Freistellungsmethode an, während Irland und Großbritannien eine eventuelle deutsche Steuer nach
der Anrechnungsmethode bei der Besteuerung der Holding-SE einbeziehen würden.

V.   Tochter-SE
1.   Tochter-SE im Inland

Bringen die übertragenden ausländischen Gesellschaften Bar- oder
Sacheinlagen in die inländische Tochter-SE ein gegen Gewährung von
Aktien der Tochter-SE, sind Gewinnausschüttungen unter den bei der
Holding-SE dargestellten Voraussetzungen steuerfrei.

Zu beachten ist, dass nach Art. 2 Abs. 3 SE-VO auch Personengesellschaften sowie sonstige juristische Personen des öffentlichen und privaten Rechts sich an der Gründung einer Tochter-SE beteiligen können. In diesen Fällen sind die Voraussetzungen des § 43b Abs. 2 Satz
1 EStG nicht erfüllt. Danach muss die Muttergesellschaft eine Kapitalgesellschaft im Sinne des Artikels 2 der Mutter-Tochter-Richtlinie
sein. Bei einbringenden Personengesellschaften sowie sonstigen juristischen Personen des öffentlichen und privaten Rechts sind stattdessen
die dem Art. 10 OECD-MA entsprechenden Vorschriften der jeweiligen DBA maßgeblich.

Soweit es nur um die Besteuerungsebene der ausländischen übertragenden Muttergesellschaft geht, gilt, dass bei Gewinnausschüttungen
das Steuerrecht des Sitzstaats der die Dividende beziehenden Gesell-

---

[274] Thömmes in: Theisen/Wenz, Die Europäische Aktiengesellschaft, S. 465, 550.
[275] Thömmes in: Theisen/Wenz, Die Europäische Aktiengesellschaft, S. 465, 550.

schaft maßgeblich ist. Danach können die Dividenden entweder freigestellt oder es kann eine Steueranrechnung zugelassen sein. Für eine Dividendenfreistellung im ausländischen Sitzstaat nach der Freistellungsmethode ist ausschlaggebend, dass bei einer Beteiligung von Kapitalgesellschaften an der ausländischen Personengesellschaft die für Kapitalgesellschaft geltende Schachtelfreistellung auch bei mittelbarer Beteiligung über eine Personengesellschaft gewährt wird. Für Deutschland greift insoweit § 8b Abs. 6 KStG ein. Danach gilt die Steuerfreistellung nach § 8b Abs. 1 bis 5 KStG auch für die dort genannten Bezüge, Gewinne und Gewinnminderungen, die dem Steuerpflichtigen im Rahmen des Gewinnanteils aus einer Mitunternehmerschaft zugerechnet werden, sowie für Gewinne und Verluste, soweit sie bei der Veräußerung oder Aufgabe eines Mitunternehmeranteils auf Anteile im Sinne des § 8b Abs. 2 KStG entfallen.

2. Tochter-SE im Ausland

Dividenden einer ausländischen Tochter-SE werden im Sitzstaat dieser Gesellschaft nicht mit Quellensteuer belegt, wenn die die Dividende beziehende unbeschränkt körperschaftsteuerpflichtige Gesellschaft die nach der Mutter-Tochter-Richtlinie erforderliche Mindestbeteiligung von mindestens 20 % des Kapitals hält. Ab dem 1.1.2009 betragen die Mindestbeteiligungsgrenzen in der Mutter-Tochter-Richtlinie und in der Fusionsrichtlinie einheitlich 10 %[276].

In Deutschland unterliegen Gewinnausschüttungen einer ausländischen Tochter-SE an die deutsche Mutterkapitalgesellschaft § 8b Abs. 1 und 5 KStG, d.h. im Ergebnis sind 95 % der Dividende steuerfrei.

Natürliche Personen als Gesellschafter der die Dividende beziehenden Personengesellschaft unterliegen dem Halbeinkünfteverfahren nach § 3 Nr. 40 e EStG. Ist eine beschränkt oder unbeschränkt körperschaftsteuerpflichtige Kapitalgesellschaft Gesellschafter einer Personengesellschaft, gilt für die Dividenden ebenfalls § 8b Abs. 1 KStG Steuerfreistellung zu 95 % der Dividende), weil diese Vorschrift nach § 8b

---

[276] Art. 7 Abs. 2 FRL (ABl. EU L 58 v. 4.3.2005, S. 19, 22); Art. 3 Abs. 1 a der Mutter-Tochter-Richtlinie (ABl. EU L 7 v. 13.1.2004, S. 41, 42).

Abs. 6 KStG auch auf über eine Mitunternehmerschaft gehaltene Beteiligungen anzuwenden ist[277].

D. Fazit

1. Sowohl gesellschaftsrechtlich als auch steuerrechtlich weist das deutsche Recht im Bereich der grenzüberschreitenden Verschmelzungen Defizite auf. Zumindest für die SE ist nunmehr die Zulässigkeit grenzüberschreitender Verschmelzungen durch gemeinschaftsrechtliche Verordnung vorgegeben. Aber auch schon die EG-rechtliche Niederlassungs- und Kapitalverkehrsfreiheit gebietet, allen Kapitalgesellschaften die grenzüberschreitende Fusion zu ermöglichen. Im Interesse des Binnenmarkts sollte daher im Umwandlungs- und Umwandlungssteuerrecht nicht mehr am Erfordernis des Inlandsitzes festgehalten werden. Entsprechend wären die §§ 1 Abs. 1 Nr. 5 und 16 ff. UmwG sowie § 1 Abs. 1 und 5 UmwStG zu ändern.

2. Ein einheitliches EU-Steuerrecht dürfte auf absehbare Zeit an den zu weit auseinander gehenden Vorstellungen und der fehlenden Kompromissbereitschaft der Mitgliedstaaten scheitern. Vorstellbar sind allenfalls EU-rechtliche Mindeststandards, zu denen vor allem die Einführung einer einheitlichen konsolidierten Körperschaftsteuerbemessungsgrundlage gehören müsste. Dadurch würde auch die Rechtsform der SE an Attraktivität gewinnen.

3. Die Fusionsrichtlinie gewährleistet steuerneutrale Gründungen von Europäischen Aktiengesellschaften bislang nur in Teilbereichen. Soweit reine Inlandsfälle als Teil des Gründungsakts einer SE, die Einbringung durch Personenhandelsgesellschaften und die Einbringung von einzelnen Wirtschaftsgütern oder Mitunternehmeranteilen von der Fusionsrichtlinie (bei der Gründung der Tochter-SE) nicht erfasst werden, besteht eine sachlich nicht zu rechtfertigende Divergenz zwischen dem ge-

---

[277] Thömmes in: Theisen/Wenz, Die Europäische Aktiengesellschaft, S. 465, 552.

sellschaftsrechtlichen Modellangebot der SE-VO und dem Besteuerungskonzept der Fusionsrichtlinie. Beide Regelungen sollten dringend aufeinander abgestimmt werden.

4. Für das deutsche Recht wären SE-spezifische Regelungen in das UmwStG aufzunehmen. § 23 UmwStG war ein wichtiger Schritt in Richtung Umsetzung der Fusionsrichtlinie. Hinzukommen muss aber noch die Anerkennung des Prinzips der Steuerneutralität des Gründungsakts einer SE für alle zugelassenen Gründungsmodalitäten.

5. Auf das Erfordernis der „Buchwertverknüpfung über die Grenze" in § 23 Abs. 4 UmwStG i.V.m. § 20 Abs. 4 UmwStG sollte verzichtet werden. Die Fusionsrichtlinie setzt nicht voraus, dass der aufnehmende Staat einen Buchwertansatz verlangt. Zudem unterstellt der deutsche Gesetzgeber „stillschweigend", dass alle Länder eine Maßgeblichkeit der Handelsbilanz für die Steuerbilanz kennen. Dies ist aber nicht der Fall. Selbst wenn im Steuerrecht der ausländischen Kapitalgesellschaft ein steuerlicher Buchwert im Sinne des deutschen Bilanzsteuerrechts durchaus ein Begriff ist, wird häufig nach dem Handelsrecht des Staats der aufnehmenden Gesellschaft zwingend ein Ansatz der eingebrachten Anteile mit deren Teilwert verlangt. Auf diese Weise ergibt sich für den deutschen Einbringenden zwingend ein Veräußerungsgewinn.

6. Der Wegfall der Steuerbefreiung bei einer Veräußerung innerhalb des Sieben-Jahres-Zeitraums nach § 26 Abs. 2 UmwStG ist europarechtlich nicht haltbar. Zu beanstanden ist nicht nur, dass die Frist viel zu lang ist – in Frankreich ist beispielsweise nur eine fünfjährige Frist vorgesehen –, sondern vor allem die pauschale Form der Missbrauchsvermutung; sie widerspricht der EuGH-Rechtsprechung.

7. Die generelle Nichtberücksichtigung ausländischer Betriebsstättenverluste verstößt gegen den Grundsatz der Besteuerung nach der Leistungsfähigkeit und sollte daher revidiert werden. Der deutsche Gesetzgeber bräuchte dazu nicht zu der bis 1998

geltenden Regelung der Berücksichtigung ausländischer Betriebsstättenverluste (§ 2a Abs. 3 EStG a.F.) zurückzukehren. Er könnte sich auch am österreichischen Vorbild einer Gruppenbesteuerung orientieren. Verluste ausländischer Tochterunternehmen werden danach sofort mit Gewinnen der inländischen Mutter verrechnet. Sobald jedoch bei der ausländischen Tochter Gewinne erwirtschaftet werden, sind diese bei der inländischen Mutter nachzuversteuern.

Literaturverzeichnis

Becker, Helmut / **Höppner**, Horst-Dieter / **Grotherr**, Siegfried / **Kroppen**, Heinz-Klaus (Hrsg.): DBA-Kommentar, Teil 1 und 2, 14. Ergänzungslieferung, Herne / Berlin, April 2004.

Becker, Patricia: Wegzugsbesteuerung von Gesellschaften, in: GmbHR 2004, R 213.

Behrens, Peter: Die Europäisierung des Gesellschaftsrechts, in: GmbHR 1993, S. 129 ff.

Birk, Dieter: Das sog. „Europäische Steuerrecht", in: FR 2005, S. 121 ff.

Blanquet, Francoise: Das Statut der Europäischen Aktiengesellschaft (Societas Europaea „SE"), Ein Gemeinschaftsinstrument für die grenzübergreifende Zusammenarbeit im Dienste der Unternehmen, in: ZGR 2002, S. 20 ff.

Blümich, Walter: Einkommensteuergesetz, Körperschaftsteuergesetz, Gewerbesteuergesetz, Kommentar, Band 4 (KStG, GewStG), 84. Ergänzungslieferung, München 2004.

Blumers, Wolfgang / **Kinzl**, Ulrich-Peter: Änderungen der Fusionsrichtlinie: Warten auf den EuGH, Oder: Wie Sekundärrecht gegen Primärrecht verstößt, in: BB 2005, S. 971 ff.

Bogenschütz, Eugen: Steuerliche Probleme bei europäischen Unternehmenszusammenschlüssen – Erfahrungsbericht aus deutscher Sicht –, in: IStR 2000, S. 609 ff.

Brandt, Ulrich / **Scheifele**, Matthias: Die Europäische Aktiengesellschaft und das anwendbare Recht, in: DStR 2002, S. 547 ff.

Debatin, Helmut: Die grenzüberschreitende Sitzverlegung von Kapitalgesellschaften, in: GmbHR 1991, S. 164 ff.

Debatin, Helmut / **Wassermeyer**, Franz (Hrsg.): Doppelbesteuerung, Kommentar zu allen Doppelbesteuerungsabkommen, Band I, 91. Ergänzungslieferung, München, Oktober 2003

Dötsch, Ewald: Körperschaftsteuerliche Behandlung der Verlegung des Sitzes bzw. der Geschäftsleitung einer Kapitalgesellschaft über die Grenze, in: DB 1989, S. 2296 ff.

Dötsch, Ewald / **Eversberg**, Horst / **Jost**, Werner F. / **Pung**, Alexandra / **Witt**, Georg: Die Körperschaftsteuer, Kommentar zum Körperschaftsteuergesetz, Umwandlungssteuergesetz und zu den einkommensteuerrechtlichen Vorschriften der Anteilseignerbesteuerung, Ordner 4, §§ Vor 20 - 28 UmwStG nF, Anhänge UmwStG nF, Register nF, Übersichten Altkommentierung §§ 1 - 8b KStG, 53. Ergänzungslieferung, Stuttgart, 2005.

Dorr, Robert / **Stukenborg**, Gabriela: „Going to the Chapel": Grenzüberschreitende Ehen im Gesellschaftsrecht – Die ersten transnationalen Verschmelzungen nach dem UmwG (1994), in: DB 2003, S. 647 ff.

Ebenroth, Carsten Thomas / **Wilken**, Oliver: Entwicklungstendenzen im deutschen Internationalen Gesellschaftsrecht – Teil 1, in: JZ 1991, S. 1014 ff.

Ebert, Sabine: Das anwendbare Konzernrecht der Europäischen Aktiengesellschaft, in: BB 2003, S. 1854 ff.

Eicker, Klaus: Anmerkung zu den Schlussanträgen des Generalanwalts Philippe Léger vom 1.3.2005 in der Rs. C-152/03, Hans-Jürgen und Monique Ritter-Coulais gegen Finanzamt Germersheim, in: IStR 2005, S. 238 f.

Emmerich, Volker / **Sonnenschein**, Jürgen / **Habersack**, Mathias: Konzernrecht, Das Recht der verbundenen Unternehmen bei Aktiengesellschaft, GmbH, Personengesellschaften, Genossenschaft, Verein und Stiftung, 7. Auflage, München 2001.

Engert, Andreas: Umstrukturierungen unter Beteiligung von EU-Auslandsgesellschaften im deutschen Steuerrecht, in: DStR 2004, S. 664 ff.

Förster, Guido / **Lange**, Carsten: Steuerliche Aspekte der Gründung einer Europäischen Aktiengesellschaft (SE), in: DB 2002, S. 288 ff.

Goutier, Klaus / **Knopf**, Rüdiger / **Tulloch**, Anthony (Hrsg.): Kommentar zum Umwandlungsrecht, Umwandlungsgesetz - Umwandlungssteuergesetz, Heidelberg 1996.

Großfeld, Bernhard: Internationales Umwandlungsrecht, in: AG 1996, S. 302 ff.

Grote, Ralf: Das neue Statut der Europäischen Aktiengesellschaft zwischen europäischem und nationalem Recht, Dissertation, Göttingen 1990.

Habersack, Mathias: Europäisches Gesellschaftsrecht, 2. Auflage, München 2003.

Haritz, Detlef / **Wisniewski**, Thomas: Steuerneutrale Umwandlung über die Grenze, Anmerkungen zum Vorschlag der Europäischen Kommission zur Änderung der steuerlichen Fusionsrichtlinie, in: GmbHR 2004, S. 28 ff.

Heckschen, Heribert: Die Europäische AG aus notarieller Sicht, in: DNotZ 2003, S. 251 ff.

Herzig, Norbert: Gestaltung steuerorientierter Umstrukturierungen im Konzern, in: DB 2000, S. 2236 ff.

Herzig, Norbert / **Griemla**, Stefan: Steuerliche Aspekte der Europäischen Aktiengesellschaft / Societas Europaea (SE), in: StuW 2002, S. 55 ff.

Hey, Johanna: Perspektiven der Unternehmensbesteuerung in Europa, in: StuW 2004, S. 193 ff.

Hirte, Heribert: Die Europäische Aktiengesellschaft – ein Überblick nach In-Kraft-Treten der deutschen Ausführungsgesetzgebung (Teile I und II), in: DStR 2005, S. 653 ff und S. 700 ff.

Hofmeister, Ferdinand: Sind die Rechtsfolgen des § 12 Abs. 1 KStG mit Art. 43, 48 EG-Vertrag vereinbar?, in: Festschrift für Franz Wassermeyer zum 65. Geburtstag, München 2005, S. 437 ff.

Hommelhoff, Peter: Zum Konzernrecht in der Europäischen Aktiengesellschaft, in: AG 2003, S. 179 ff.

Horn, Norbert: Die Europa-AG im Kontext des deutschen und europäischen Gesellschaftsrechts, in: DB 2005, S. 147 ff.

Ihrig, Hans-Christoph / **Wagner**, Jens: Diskussionsentwurf für ein SE-Ausführungsgesetz, in: BB 2003, S. 969 ff.

Institut „Finanzen und Steuern": Auswirkungen der EuGH-Rechtsprechung auf deutsche Steuervorschriften, Schrift Nr. 407 (Verfasser: Prof. Dr. Gerhard Laule), Bonn 2003.

Institut „Finanzen und Steuern": Inländische Berücksichtigung ausländischer Betriebsstättenverluste, Schrift Nr. 421 (Verfasser: Prof. Dr. Wolfgang Kessler), Bonn 2004.

Institut „Finanzen und Steuern": Internationale Doppelbesteuerung – Ursachen und Lösungen –, Schrift Nr. 405 (Bearbeiter: Michael Krause), Bonn 2003.

Institut „Finanzen und Steuern": Europäische Steuerpolitik für mehr Wachstumseffizienz – Die Initiative der EU-Kommission für eine konsolidierte einheitliche Körperschaftsteuerbemessungsgrundlage –, Schrift Nr. 404 (Verfasser: Dr. Karl Wolfgang Menck und Prof. em. Dr. Leif Mutén), Bonn 2003.

Institut „Finanzen und Steuern": Internationaler Steuerwettbewerb – Vorteile und Gefahren –, Schrift Nr. 422 (Bearbeiter: Clemens Esser), Bonn 2004.

Jacobs, Otto H. (Hrsg.): Internationale Unternehmensbesteuerung, 5. Auflage, München 2002.

Jaecks, Jörg / **Schönborn**, Christoph Ansgar: Die Europäische Aktiengesellschaft, das Internationale und das deutsche Konzernrecht, in: RIW 2003, S. 254 ff.

Jahn, Andreas / **Herfs-Röttgen**, Ebba: Die Europäische Aktiengesellschaft – Societas Europaea, in: DB 2001, S. 631 ff.

Kallmeyer, Harald: Europa-AG: Strategische Optionen für deutsche Unternehmen, in: AG 2003, S. 197 ff.

Kenter, Tobias / **Brendt**, Jörg: Die Besteuerung der Gründung einer Europäischen Aktiengesellschaft (SE), in: IWB 2004, Gruppe 2, S. 621 ff.

Kessler, Wolfgang / **Achilles**, Charlotte / **Huck**, Friederike: Die Europäische Aktiengesellschaft im Spannungsfeld zwischen nationalem Steuergesetzgeber und EuGH, in: IStR 2003, S. 715 ff.

Kessler, Wolfgang / **Huck**, Friederike / **Obser**, Ralph / **Schmalz**, Andrea: Wegzug von Kapitalgesellschaften – Teile I und II –, Gesellschafts- und steuerrechtliche Aspekte der Unternehmensverlagerung ins Ausland nach de Lasteyrie du Saillant, in: DStZ 2004, S. 813 ff.

Kloster, Lars: Societas Europaea und europäische Unternehmenszusammenschlüsse, in: EuZW 2003, S. 293 ff.

Knobbe-Keuk, Brigitte: Wegzug und Einbringung von Unternehmen zwischen Niederlassungsfreiheit, Fusionsrichtlinie und nationalem Steuerrecht, in: AG 1991, S. 298 ff.

Korts, Sebastian: Die Europäische Aktiengesellschaft, Societas Europaea (SE) – im Gesellschafts- und Steuerrecht, Heidelberg 2003.

Krabbe, Helmut: Die Personengesellschaft im Internationalen Steuerrecht, in: StbJb. 2000/2001, S. 183 ff.

Kübler, Friedrich: Leitungsstrukturen der Aktiengesellschaft und die Umsetzung des SE-Statuts, in: ZHR 167 (2003), S. 222 ff.

Lange, Oliver: Überlegungen zur Umwandlung einer deutschen in eine Europäische Aktiengesellschaft, in: EuZW 2003, S. 301 ff.

v. Lishaut, Ingo: Europarechtliche Perspektiven des Umwandlungssteuerrechts sowie der Wegzugsbesteuerung, in: FR 2004, S. 1301 ff.

Lüdicke, Jürgen: Die Besteuerung von international tätigen Personengesellschaften – geänderte Auffassungen der Finanzverwaltung im Betriebsstättenerlaß und anderen BMF-Schreiben, Hefte zur Internationalen Besteuerung, Heft 134, Hamburg 2000.

Lutter, Marcus: Europäische Aktiengesellschaft – Rechtsfigur mit Zukunft?, in: BB 2002, S. 1 ff.

Lutter, Marcus (Hrsg.): Konzernrecht im Ausland, Berlin / New York 1994.

Maul, Silja: Das Ausführungsgesetz zur SE – der Einzug des monistischen Verwaltungssystems in Deutschland, in: BB 2003, Heft 19, Die erste Seite.

Maul, Silja: Die faktisch abhängige SE (Societas Europaea) im Schnittpunkt zwischen deutschem und europäischem Recht, München 1998.

Maul, Silja / **Teichmann**, Christoph / **Wenz**, Martin: Der Richtlinienvorschlag zur grenzüberschreitenden Verschmelzung von Kapitalgesellschaften, in: BB 2003, S. 2633 ff.

Münchener Handbuch des Gesellschaftsrechts: Band 4: Aktiengesellschaft, 2. Auflage, München 1999.

Nagel, Bernhard: Ist die Europäische Aktiengesellschaft (SE) attraktiv?, in: DB 2004, S. 1299 ff.

Nagel, Bernhard: Deutsches und europäisches Gesellschaftsrecht, München 2000.

Neye, Hans-Werner: Kein neuer Stolperstein für die Europäische Aktiengesellschaft, in: ZGR 2002, S. 377 ff.

Pluskat, Sorika: Die neuen Vorschläge für die Europäische Aktiengesellschaft, in: EuZW 2001, S. 524 ff.

Raiser, Thomas: Die Europäische Aktiengesellschaft und die nationalen Aktiengesetze, in: Festschrift für Johannes Semler zum 70. Geburtstag am 28. April 1993, Unternehmen und Unternehmensführung im Recht, Berlin / New York 1993, S. 277 ff.

Rödder, Thomas: Gründung und Sitzverlegung der Europäischen Aktiengesellschaft (SE), Ertragsteuerlicher Status quo und erforderliche Gesetzesänderungen, in: DStR 2005, S. 893 ff.

Röhrbein, Jens / **Eicker**, Klaus: Verlustberücksichtigung über die Grenze – Aktuelle Rechtslage, in: BB 2005, S. 465 ff.

Saß, Gert: Änderungsvorschlag zur steuerlichen Fusionsrichtlinie, in: DB 2004, S. 2231 ff.

Saß, Gert: Zum Leur-Bloem-Urteil des EuGH und zum Verhältnis der steuerlichen Antiumgehungsvorschriften zu den EU-Grundfreiheiten – Anmerkung zum EuGH-Urteil vom 17.7.1997 Rs. C-28/95 –, in: DB 1997, S. 2250 ff.

Schaumburg, Harald: Grenzüberschreitende Umwandlungen (I), in: GmbHR 1996, S. 501 ff.

Schaumburg, Harald: Der Wegzug von Unternehmen, in: Festschrift für Franz Wassermeyer zum 65. Geburtstag, München 2005, S. 411 ff.

Schmitt, Joachim / **Hörtnagl**, Robert / **Stratz**, Rolf-Christian: Umwandlungsgesetz, Umwandlungssteuergesetz, 3. Auflage, München 2001.

Schön, Wolfgang: Besteuerung im Binnenmarkt – die Rechtsprechung des EuGH zu den direkten Steuern, in: IStR 2004, S. 289 ff.

Schön, Wolfgang / **Schindler**, Clemens Philipp: Seminar D: Zur Besteuerung der grenzüberschreitenden Sitzverlegung einer Europäischen Aktiengesellschaft, in: IStR 2004, S. 571 ff.

Schulz, Andreas / **Geismar**, Bernhard: Die Europäische Aktiengesellschaft, Eine kritische Bestandsaufnahme, in: DStR 2001, S. 1078 ff.

Schulz, Andreas / **Petersen**, Sven: Die Europa-AG: Steuerlicher Handlungsbedarf bei Gründung und Sitzverlegung, in: DStR 2002, S. 1508 ff.

Schwarz, Günter Christian: Europäisches Gesellschaftsrecht, Baden-Baden 2000.

Spengel, Christoph: Unternehmensbesteuerung in den Beitrittsstaaten der EU – Steuerliche Aspekte für Investoren, in: IStR 2004, S. 615 ff.

Teichmann, Christoph: Die Einführung der Europäischen Aktiengesellschaft, Grundlagen der Ergänzung des europäischen Statuts durch den deutschen Gesetzgeber, in: ZGR 2002, S. 383 ff.

Theisen, Manuel René / **Wenz**, Martin (Hrsg.): Die Europäische Aktiengesellschaft, Recht, Steuern und Betriebswirtschaft der Societas Europaea (SE), Stuttgart 2002.

Thiel, Jochen: Der fortschreitende Einfluss des EuGH auf die Ertragsbesteuerung der Unternehmen – Aktuelle Urteile und anhängige Verfahren, in: DB 2004, S. 2603 ff.

Thiel, Jochen: Die grenzüberschreitende Umstrukturierung von Kapitalgesellschaften im Ertragsteuerrecht, in: GmbHR 1994, S. 277 ff.

Thömmes, Otmar: Anmerkung zu den Schlussanträgen des Generalanwalts Philippe Léger vom 1.3.2005 in der Rs. C-152/03, Hans-Jürgen und Monique Ritter-Coulais gegen Finanzamt Germersheim, in: IWB 2005, Fach 11a, S. 845 f.

Thömmes, Otmar: § 23 UmwStG – Einbringungen in der Europäischen Union (Tz. 23.01 – 23.14), in: DStR 1998, Beilage zu Heft 17, Kritische Anmerkungen zum Umwandlungssteuererlaß des BMF vom 25.3.1998, S. 47 ff.

Thoma, Georg F. / **Leuering**, Dieter: Die Europäische Aktiengesellschaft – Societas Europaea, in: NJW 2002, S. 1449 ff.

Veelken, Winfried: Interessenabwägung im Wirtschaftskollisionsrecht, Baden-Baden, 1988.

Waclawik, Erich: Der Referentenentwurf des Gesetzes zur Einführung der Europäischen (Aktien-)Gesellschaft, in: DB 2004, S. 1191 ff.

Wassermeyer, Franz: Steuerliche Konsequenzen aus dem EuGH-Urteil „Hughes de Lasteyrie du Saillant", in: GmbHR 2004, S. 613 ff.

Wenglorz, Georg: Die grenzüberschreitende „Heraus"-Verschmelzung einer deutschen Kapitalgesellschaft: Und es geht doch!, in: BB 2004, S. 1061 ff.

Wenz, Martin: Die Societas Europaea (SE): Analyse der geplanten Rechtsform und ihre Nutzungsmöglichkeiten für eine europäische Konzernunternehmung, Berlin 1993.

Wisskirchen, Gerlind / **Prinz**, Thomas: Das Gesetz über die Beteiligung der Arbeitnehmer in einer Europäischen Gesellschaft (SE), in: DB 2004, S. 2638 ff.

IFSt-Schriften 2004 / 2005

2 0 0 4

Nr. 413 Die EU-Politik im Bereich der Umsatz-
besteuerung des Internethandels   12,00 €

Nr. 414 Verdeckte Gewinnausschüttungen und
Halbeinkünfteverfahren
- Verfahrensrechtliche Fallstricke für die
Ausschüttungsempfänger -   6,00 €

Nr. 415 Bürgerversicherung – eine Reformalternative?   18,00 €

Nr. 416 Entwicklung wesentlicher Daten der öffentlichen Finanzwirtschaft in der Bundesrepublik
Deutschland von 1993 – 2003   11,00 €

Nr. 417 Bindende „tatsächliche" und „rechtliche"
Verständigung zwischen Finanzamt und
Steuerpflichtigen   15,00 €

Nr. 418 Die EU-Politik bezüglich der Besteuerung
privater Auslandszinsen
- Die Zinsrichtlinie: Ein Durchbruch? -   13,00 €

Nr. 419 Zur Rückgriffsklausel im neuen § 8 a KStG
(Gesellschafter-Fremdfinanzierung)
- Inhalt, Kritik, Änderungsvorschläge -   13,00 €

Nr. 420 Entwicklung der Realsteuerhebesätze der
Gemeinden mit 50.000 und mehr Einwohnern
im Jahr 2004 gegenüber 2003   14,50 €

Nr. 421 Inländische Berücksichtigung ausländischer
Betriebstättenverluste   10,00 €

Nr. 422 Internationaler Steuerwettbewerb
- Vorteile und Gefahren -   20,00 €

2 0 0 5

Nr. 423 Die steuerliche Förderung kleiner und
mittlerer Betriebe nach § 7 g EStG   15,50 €

Nr. 424 Bilanzierung nach IAS / IFRS und
Besteuerung   15,50 €

Nr. 425 U.S.-amerikanische grenzüberschreitende
Sachaufklärung (Cross-Border Discovery)
in steuerrechtlichen Verfahren   18,00 €

Nr. 426 Gesellschafts- und steuerrechtliche Grundfragen der Europäischen Aktiengesellschaft
(Societas Europaea)   17,50 €